James Proud

INS GRAS GEBISSEN

Die skurrilsten Todesfälle aller Zeiten

LAPPAN

Autor

James Proud ist Autor und stellt Nachforschungen für das Ripleys-Museum für kuriose Fakten „Believe it or not“ an, wobei er sich besonders auf das Absurde und Wunderliche spezialisiert hat.

Übersetzer

Jörn Ingwersen – Autor, Musiker, Sylter Inselfriese, geboren mit der Nase im Wind. Wenn er sich nicht gerade den Blues von der Seele singt, übersetzt er Romane schräger Autoren oder schreibt eigene Bücher.

ISBN 978-3-8303-3533-7

Autor: James Proud
Übersetzung aus dem Englischen: Jörn Ingwersen
Herstellung: Monika Swirski

Titel der englischen Originalausgabe:
„Unusual Ways to Die – History’s Weirdest Deaths“

This translation published by arrangement with Summersdale Publishers Ltd.

Druck und Bindung: Livonia Print

FSC www.fsc.org
MIX
Papier aus verantwortungsvollen Quellen
FSC® C002795

Printed in Latvia

www.lappan.de

EINLEITUNG

In der Zeit, die Sie brauchen, um diesen Satz zu lesen, sind auf der Welt fünf Menschen gestorben. Vermutlich sind sie ganz unspektakulär mehr oder weniger friedlich von uns gegangen, doch manch einer verlässt das Diesseits auch auf bemerkenswertere Weise. Dieses Buch enthält eine kleine Auswahl besonders denkwürdiger Todesarten aus aller Welt, von der Antike bis in heutige Zeiten. Manche davon sollten uns als tragische Warnung dienen, etwa das Ableben des Schwertschluckers, der seine Kunst mit einem Geigenbogen versuchte, bei anderen handelt es sich um absurde Schicksalsschläge, wie etwa das Missgeschick der Bäuerin, die ihren eigenen Schafen zum Opfer fiel. Andere könnten derart verstörend wirken, dass sie nicht in eine Einleitung gehören, doch allen gemein ist, dass sie außergewöhnlich skurril sind. Tauchen Sie ein – wenn Sie sich trauen! – in die wunderliche Welt des Todes.

KABELBRAND

MICHAEL ANDERSON GODWIN

Gestorben am 5. März 1989

Godwin verbüßte in South Carolina eine lebenslange Gefängnisstrafe wegen Mordes, nachdem er durch eine Begnadigung nur knapp dem elektrischen Stuhl entgangen war. Nach sechs Jahren in Haft wurde er bei einem Routinegang tot in seiner Zelle aufgefunden, wo er mit verbrannten Lippen nackt auf der Metalltoilette kauerte. Wie sich herausstellte, hatte der Mann seine Kopfhörer reparieren wollen, während sie noch mit dem Fernseher verbunden waren, und dabei in ein Strom führendes Kabel gebissen, sodass er letztendlich doch auf einem elektrischen Stuhl endete.

ZULETZT GELACHT

Alex Mitchell

Gestorben am 24. März 1975

Alex Mitchell saß zu Hause in Norfolk vor dem Fernseher und amüsierte sich bei einer Folge der Comedy-Serie *The Goodies* über einen besonders lustigen Sketch mit Dudelsäcken so sehr, dass er einen hysterischen Lachkrampf bekam. Als dieser einen Herzstillstand zur Folge hatte, blieb seiner Frau das Lachen sicher im Halse stecken, doch später schrieb sie dem Sender einen Dankesbrief dafür, dass man die letzten Momente ihres Mannes so unterhaltsam gestaltet hatte.

NEBENBEI BEMERKT

Angeblich erlag der exzentrische schottische Royalist Thomas Urquhart 1660 einem Lachanfall, nachdem er erfahren hatte, dass Charles II. erneut zum König ernannt worden war.

NEBENBEI BEMERKT

- *Aller Wahrscheinlichkeit nach stirbt man eher durch eine Kuh, einen Sektkorken, einen Kugelschreiber, heißes Leitungswasser, einen Warenautomaten oder den bloßen Umstand, Linkshänder zu sein, als von einem Hai gefressen zu werden.*
- *In der ersten Woche des Jahres sterben mehr Menschen als in jeder anderen.*
- *Die Wahrscheinlichkeit zu sterben ist am größten morgens gegen elf.*
- *Montag ist der Tag, an dem man am ehesten einem Herzschlag erliegt.*
- *Ab sechzig erhöht sich die Wahrscheinlichkeit, an seinem Geburtstag zu sterben, um ein Vielfaches. Wieso, weiß man nicht genau. Die Theorien reichen von den psychologischen Auswirkungen, ein bestimmtes Alter erreicht zu haben, bis hin zu den Gefahren der Völlerei.*

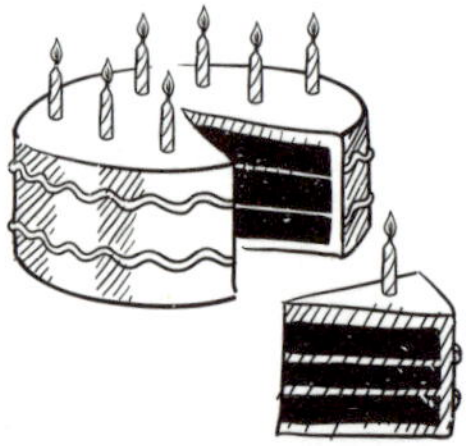

AUS ALLEN WOLKEN

REGINALD CHUA

GESTORBEN AM 25. MAI 2000

Dreihundert Passagiere eines Fluges auf den Philippinen fanden sich in der Gewalt eines Mannes wieder, der – mit Wollmütze und Schwimmbrille maskiert – drohte, eine Handgranate zu zünden, wenn die Passagiere ihm nicht ihr Geld aushändigten. Der Mann befahl dem Piloten, etwas niedriger zu fliegen, damit er mit der Diebesbeute entkommen konnte, und legte etwas an, bei dem es sich um einen selbst gebastelten Fallschirm zu handeln schien. Er zögerte mit dem Absprung, sodass ein Besatzungsmitglied mit einem kleinen Schubs nachhelfen musste. Am nächsten Tag fand man den Leichnam des Räubers tief eingegraben im Morast – nach dem Sturz aus 1800 Metern Höhe. Sein provisorischer Fallschirm hatte sich nicht geöffnet.

KRÖNENDER ABSCHLUSS

GYÖRGY DÓZSA

Gestorben 1514

Der ungarische Volksheld Dózsa war Anführer eines niedergeschlagenen Bauernaufstandes gegen die herrschende Klasse. Nach seiner Ergreifung sollte an ihm ein Exempel statuiert werden. Man setzte ihm eine glühende Krone auf und kettete ihn an einen Eisenthron, unter dem ein Feuer brannte. Und als wäre das nicht schon grausam genug, zwang man die Mitverschwörer, sein verkohltes Fleisch zu essen, während er noch lebte.

ABGESOFFEN

Jennifer Strange

Gestorben am 12. Januar 2007

Die 28-jährige Mutter Jennifer Strange nahm an einem Wettbewerb im Radio teil, um für ihre Kinder eine Spielkonsole zu gewinnen. Sieger sollte sein, wer am meisten Wasser zu sich nehmen konnte, ohne zu pinkeln. Nachdem sie in drei Stunden fast neun Liter Wasser getrunken hatte, klagte Strange über Unwohlsein, und sie gewann den Wettbewerb nicht. Stunden später brach sie zusammen. Todesursache war eine akute Wasservergiftung.

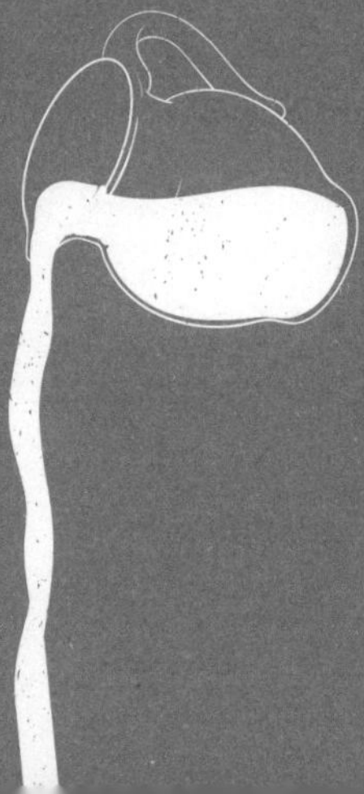

UNKENTOD

NICHT IDENTIFIZIERT

GESTORBEN IM MÄRZ 2017

Ein nicht identifizierter 57-jähriger Südkoreaner bezahlte den Verzehr einer hochgiftigen Krötenart, die er an einem Stausee nahe Daejeon gefangen hatte, mit dem Leben. Der Mann war auf der Jagd nach Ochsenfröschen gewesen, einer essbaren Delikatesse, die er zur Zubereitung in ein Restaurant am Ort brachte. Unglücklicherweise haben Ochsenfrösche eine fatale Ähnlichkeit mit koreanischen Wasserkröten, deren Haut ein tödliches Gift absondert, und er hatte offensichtlich beide Arten gefangen. Nach seiner Mahlzeit fing er an, sich heftig zu übergeben und wurde ins Krankenhaus eingeliefert. Er starb am nächsten Morgen.

KOMASAUNEN

Wladimir Ladyschenski

Gestorben am 7. August 2010

In Finnland gilt das Saunasitzen als Wettbewerbssport. Während der Weltmeisterschaft 2010 in Heinola saßen zwei Männer in der 110°C heißen Sauna: der Lokalmatador und amtierende Meister Timo Kaukonen und Wladimir Ladyschenski aus Sibirien. Der Russe hielt am längsten aus, doch dem frisch gebackenen Meister war nicht zum Feiern zumute. Beide Männer fielen aufgrund ihrer schweren Verbrennungen ins Koma. Kaukonen wachte mehrere Wochen später auf, doch Ladyschenski verstarb an den Folgen seiner Brandwunden. Es war das letzte Mal, dass ein solcher Wettbewerb durchgeführt wurde.

UNLAUTERER WETTBEWERB

FC BENA TSHADI

Gestorben am 25. Oktober 1998

Der Fußballverein von Basanga in der Demokratischen Republik Kongo hatte die Mannschaft von Bena Tshadi zu Gast. Es stand 1:1, als auf dem Spielfeld der Blitz einschlug und die Spieler von den Beinen riss. Während die Männer aus Basanga langsam zu sich kamen, stellten sie fest, dass das gesamte Auswärtsteam tot am Boden lag, während sie selbst unversehrt geblieben waren. Lokale Medien munkelten, es sei Zauberei im Spiel gewesen.

NEBENBEI BEMERKT

- *Das Cotard-Syndrom, auch „nihilistischer Wahn“ genannt, ist ein Geisteszustand, bei dem sich der Patient für tot hält.*
- *Botulinumtoxin Typ H ähnelt dem Stoff, der bei Botox-Behandlungen eingesetzt wird, ist jedoch so giftig, dass nur 1,8 kg genügen würden, um sämtliche Menschen auf der Erde zu töten.*
- *1905 starben an amerikanischen Colleges achtzehn Menschen beim Footballspiel.*
- *1888 tötete ein verheerender Hagelschauer 246 Menschen (dazu 1600 Rinder und Schafe) im indischen Moradabad.*
- *Schwere Tornados kosteten im März 2000 vier Menschen im Norden von Texas das Leben. Juan Carlos Oseguera aus Honduras suchte gerade Schutz vor dem Sturm, als ihn ein Hagelkorn von der Größe eines Kricketballs am Kopf traf. Er starb am Tag darauf.*

ÜBER-ZUCKERT

NATASHA HARRIS

GESTORBEN IM FEBRUAR 2010

Gerichtsmediziner in Neuseeland diagnostizierten, dass der Konsum von täglich bis zu 10 Litern Coca-Cola ein ”entscheidender Faktor“ für den frühen Herztod der 30-jährigen Natasha Harris gewesen war. Als Folge der Sucht waren ihr alle Zähne ausgefallen, und man vermutete, dass Harris unter Entzugserscheinungen gelitten haben musste, sobald ihr das Getränk ausging. Die Menge an Koffein und Zucker, die sie täglich zu sich genommen hatte, entsprach zehn Tassen Kaffee und einer ganzen Packung Zucker.

OH DE TOILETTE

EDMUND IRONSIDE

Gestorben am 30. November 1016

Im 11. Jahrhundert herrschte der junge König Edmund II. über den Süden Englands und hielt einen unsicheren Waffenstillstand mit dem Wikingerkönig Knud. Zumindest für ein paar Monate – bis er zu einem der unwürdigsten Mordopfer der Geschichte wurde. Ein verräterischer Edelmann namens Eadric beauftragte seinen Sohn, in die Senkgrube unter einem Abort (einer mittelalterlichen Toilette) zu kriechen und dort darauf zu warten, dass der König sein Geschäft erledigte. Als der ahnungslose Edmund die Hosen herunterließ, stieß ihm der Junge ein Schwert in den Unterleib.

WER SICH EINE GRUBE GRÄBT

DANIEL JONES

Gestorben am 7. August 1997

Eben buddelt man noch fröhlich im Sand, schon hat man sich sein eigenes Grab geschaufelt. Daniel Jones hockte am Boden einer drei Meter tiefen Grube, die er am Strand von Buxton, North Carolina, ausgehoben hatte, als der Sand ins Rutschen kam und ihn unter sich begrub. Vergeblich versuchte man, zu ihm vorzudringen. Ein Rettungstrupp mit schwerem Gerät brauchte eine ganze Stunde, um ihn freizuschaufeln, doch da war er längst erstickt.

ABSCHLUSS-PLÄDOYER

CLEMENT VALLANDIGHAM

Gestorben am 17. Juni 1871

Clement Vallandigham war ein angesehener Anwalt in Ohio, dessen berufliches Engagement ihn ins Verderben führte. 1871 verteidigte er einen Mann, der angeblich beim Kartenspiel jemanden erschossen hatte, und gab sich alle Mühe, die Unschuld seines Mandanten zu beweisen. Vallandigham vermutete, dass sich der Tote selbst in den Bauch geschossen hatte, als er seine Waffe zog, und führte daraufhin einige Experimente durch, um eben jenes zu beweisen. Er wollte seine Theorie ein paar Kollegen demonstrieren, indem er eine Waffe aus der Tasche zog – so wie es das Opfer vermutlich getan hatte – und dabei abdrückte. Dummerweise war die Waffe geladen, sodass er sich selbst in den Bauch schoss. Vallandighams Demonstration konnte das Gericht überzeugen. Er selbst erlag am nächsten Tag seinen Verletzungen.

SHOCK 'N' ROLL

Leslie Harvey

Gestorben am 3. Mai 1972

Bei einem Gig der Band „Stone the Crows“ in Swansea berührte der Gitarrist ein ungeerdetes Mikrofon und stand plötzlich im wahrsten Sinne des Wortes unter Strom. Ein Roadie riss noch das Kabel aus der Gitarre, um ihn zu retten, doch da war es schon zu spät. Er brach auf der Bühne zusammen und starb später im Krankenhaus.

KUGELSICHERE SACHE

ALEOBIGA ABERIMA

GESTORBEN IM MÄRZ 2001

Aberima bat in seiner Heimat Ghana den ortsansässigen Medizinmann um einen Zauber, der ihn vor Kugeln schützen sollte. Der Mann machte sich sogleich ans Werk – vermutlich überzeugt davon, dass sein Zauber niemals auf die Probe gestellt werden würde – und rieb den Patienten mehrere Tage lang mit einer Kräuterlotion ein. Unseligerweise bat Aberima dann doch einen Freund, auf ihn zu schießen, um die Wirkung des Zaubers zu testen. Erwartungsgemäß ließ diese zu wünschen übrig. Der Medizinmann wurde von wütenden Dorfbewohnern halb totgeschlagen.

MÖHRCHEN VON UNTEN

BASIL BROWN

Gestorben im Februar 1974

Der wissenschaftliche Berater Basil Brown aus Surrey war fanatisch besorgt um seine Gesundheit. Er begann, Unmengen von Karottensaft zu trinken (bis zu 4,5 Liter täglich), weil er bei sich einen Vitamin A-Mangel vermutete, und obendrein schluckte er unzählige Vitamintabletten. Er trank so viel Karottensaft, dass sein Körper diesen nicht mehr verarbeiten konnte, was dazu führte, dass er gelb anlief und schließlich an einer Leberzirrhose starb. Ein Arzt hatte ihn auf seine vergrößerte Leber hingewiesen, doch wie der Untersuchungsbericht vermerkte, hatte er „keine gute Meinung von Ärzten".

SITTEN & GEBRÄUCHE

- *Die Yanomami am Amazonas nehmen bei Beerdigungszeremonien die Asche ihrer Toten mit Bananensaft zu sich.*
- *Die Änga aus Papua Neuguinea mumifizierten ihre toten Verwandten traditionell, indem sie diese über einem Feuer räucherten. Deren Finger trugen sie als Schmuck.*
- *Die Malagasy aus Madagaskar exhumieren ihre Toten alle paar Jahre. Die Leichen werden in frisches Tuch gewickelt und mit Parfüm und Wein besprenkelt – dann tanzen die Nachfahren mit den Knochen ihrer Vorfahren.*
- *Nach altem, indonesischem Brauch graben die Batak die Leichen ihrer Verwandten aus, reinigen deren Knochen und bringen sie zu einer neuen Grabstätte.*
- *Auf den Philippinen kennt man zahlreiche Bestattungsrituale. Zum Beispiel werden in der Provinz Benguet den Toten die Augen verbunden, dann platziert man sie eine Woche lang auf einem Stuhl vor dem Haus. Die Ilongot werden aufrecht sitzend bestattet. Die Isneg von Apayo begraben ihre Toten direkt unter der Küche, und in den Bergen von Sagada lässt man sie in ihren Särgen von Klippen hängen.*

LANCETOT

Paul Allen

Gestorben am 20. September 2007

Paul Allen, 54, begeisterte sich für mittelalterliche Geschichte und historische Reiterspiele. 2007 nahm er an einer Vorführung für die Sendung *Time Team* teil, bei der zur Sicherheit der Darsteller Lanzen aus leichtem Balsaholz Verwendung fanden. Als er in die Lanze seines Gegners ritt, zersplitterte diese wie erwartet an seinem Schild, doch flog ein Stück durch den Schlitz in seinem Helm, drang in sein Auge und bohrte sich tief ins Gehirn. Obwohl er sofort in ein Krankenhaus gebracht wurde, verstarb er dort eine Woche später. Zu seiner Beisetzung erschienen Hunderte in historischen Kostümen.

DIE LETZTE ZIGARETTE

GARY ALLEN BANNING

GESTORBEN AM 28. FEBRUAR 2012

Der 43-jährige Banning aus North Carolina besuchte einen Freund, in dessen Küche er versehentlich einen Schluck Benzin zu sich nahm. Angewidert spuckte er es aus und dachte nicht mehr daran. Als er kurz darauf draußen eine Zigarette rauchen wollte, entzündete er dabei die Benzinreste an seiner Kleidung und stand mit einem Mal in hellen Flammen. Ein Nachbar bemerkte den Vorfall und alarmierte die Feuerwehr, sodass man ihn sofort ins Krankenhaus bringen konnte, doch erlag er am nächsten Tag seinen Verbrennungen.

SELTEN SO GELACHT

JASON ACKERMAN UND SARA RYDMAN

Gestorben am 3. Juni 2006

Zwei Studenten aus Florida wurden tot in einem großen Heliumballon gefunden, der mit Werbung für ein Apartmenthaus beschriftet war. Offenbar hatten Jason Ackerman und Sara Rydman den drei Meter großen Ballon heruntergezogen und waren aus Spaß hineingekrochen. Helium lässt die Stimme quieken, aber es verdrängt auch den Sauerstoff im Blut, und so verloren die beiden nach einer Weile das Bewusstsein und starben an akutem Sauerstoffmangel.

NICHT ALLE SCHERBEN BRINGEN GLÜCK

Phillip Quinn

Gestorben am 28. November 2004

Phillip Quinn, 24, aus Washington, USA, wurde tot in seinem Wohnwagen aufgefunden. Scherben einer zerbrochenen Lavalampe steckten in seinem Herzen. Da es keine Zeugen gab, blieb sein Tod ein Rätsel, bis die Ermittler herausfanden, dass die Lavalampe auf dem Herd erwärmt worden war. Die Hitze hatte den Druck in der Lampe derart ansteigen lassen, dass sie explodiert war und die herumfliegenden Splitter Quinn getroffen hatten. Der Grund für das riskante Experiment bleibt ein Rätsel.

VOLLTREFFER

BRANDON LEE

GESTORBEN AM 31. MÄRZ 1993

Der Schauspieler Brandon Lee, Sohn der Kampfsportlegende Bruce, filmte eine Szene für The Crow, in der aus nächster Nähe auf ihn geschossen werden sollte. Aus Gründen der Glaubwürdigkeit war es nötig, Platzpatronen – mit Pulver, aber ohne Kugeln – zu verwenden. Als "geschossen" wurde, ging Lee zu Boden, tödlich getroffen von einer echten Kugel, die noch von einer früheren Szene im Lauf der Waffe gesteckt hatte.

DURCHGEGART

Laurentius von Rom

Gestorben am 10. August 258

Der heilige Laurentius war ein Diakon im Rom des 3. Jahrhunderts, der zu Tode kam, weil er sich geweigert hatte, den Besitz seiner Kirche den Behörden zu übereignen. Laurentius' Widerstand erzürnte den römischen Präfekten derart, dass er ihn auf einen Bratrost binden und über dem Feuer rösten ließ. Der Legende nach antwortete Laurentius auf die Frage seiner Peiniger, ob er genug gelitten habe: „Wendet mich, ich bin längst gar!" Entsprechend gilt er bis heute als Schutzheiliger der Köche und Komödianten.

VERKEHRSGEFÄHRDET

Paul Cowley und Kim Fontana

Gestorben am 3. März 2002

Ein verliebtes Pärchen war abends in Sheffield unterwegs gewesen, als der Trieb die beiden übermannte und sie beschlossen, es mitten auf einer öffentlichen Straße zu treiben. Ein vorüberfahrender Sanitäter hielt an, um sie auf die Gefahr hinzuweisen, in der sie sich befanden, doch ließen sie von ihrem Liebesspiel nicht ab – bis ein Busfahrer das Paar im trüben Licht für einen „Müllsack" hielt. Der Bus konnte nicht mehr ausweichen. Beide waren auf der Stelle tot.

MIT HAUT UND HAAREN

Terry Garner

Gestorben am 26. September 2012

Terry Garner war ein Schweinebauer aus Oregon, im Besitz einiger gigantischer Exemplare von bis zu 320 Kilo Lebendgewicht. Am Tag seines Todes ging er wie üblich die Tiere füttern, doch kam er nie zurück. Als ein Verwandter im Schweinestall nach Garner suchte, gefror ihm das Blut in den Adern. Zwischen den schnüffelnden Schweinen fand man Garners persönliche Gegenstände, ein Gebiss und das wenige, was von dem Mann noch übrig war. Nicht einmal genug, um die Todesursache festzustellen. Man weiß nur, dass der 69-jährige Bauer von seinen eigenen Schweinen gefressen wurde.

BLINDER EIFER

Johann von Böhmen

Gestorben am 26. August 1346

König Johann I. von Böhmen war schon seit einigen Jahren blind, als er in der Schlacht von Crécy zu Tode kam. Er wollte sich den Spaß auf keinen Fall entgehen lassen, also befahl er zwei Getreuen, ihre Pferde mit seinem zu verbinden, um gemeinsam in die Schlacht zu reiten. Sie starben allesamt von Hand der Engländer. Als man sie am nächsten Morgen fand, waren sie noch immer aneinander gefesselt.

DES KAISERS NEUE PILLEN

Qin Shihuangdi

Gestorben 210 v. Chr.

Quin Shihuangdi war der erste Kaiser von China, bekannt dafür, dass er die Chinesische Mauer baute und mit Tausenden von Terracotta-Kriegern bestattet wurde. Er fürchtete den Tod, nachdem er drei Attentatsversuche überlebt hatte, und ließ sich daher Kräuter und Tinkturen aus aller Herren Länder bringen, auf der Suche nach einem Leben spendenden Elixier. Eines dieser „Heilmittel" bestand aus Quecksilberkügelchen, damals eine überraschend verbreitete Arznei. Unklar bleibt, warum Quin Shihuangdi den Verzehr des Metalls für eine gute Idee hielt – denn das war es nicht. Er vergiftete sich damit.

NEBENBEI BEMERKT

- *Im Jahr 897 ließ Papst Stephan VI. seinen Vorgänger Formosus exhumieren und machte ihm den Prozess dafür, ein schlechter Papst gewesen zu sein. Der Tote wurde schuldig gesprochen.*
- *1920 kamen 10.000 Leute zur Beerdigung eines Kanarienvogels namens Jimmy in Newark, New Jersey.*
- *In Frankreich ist es legal, einen toten Menschen zu heiraten – sofern die Hochzeit schon vor dem Tod geplant war.*
- *Bevor er 1885 Präsident der Vereinigten Staaten von Amerika wurde, war Grover Cleveland im Rahmen seiner Pflichten als Sheriff von Erie County auch der dortige Henker gewesen. Er hatte zwei Menschen den Strick um den Hals gelegt.*

BIS ZUM UMFALLEN

HOMER MOREHOUSE

Gestorben am 14. April 1923

In den 1920er Jahren waren in den USA Tanzmarathons beliebt. Die Paare tanzten so lange sie konnten – unterbrochen lediglich von sehr kurzen Pausen – und hofften, am Ende die Letzten zu sein, die noch aufrecht standen, um den Preis entgegenzunehmen. Manche Wettbewerbe dauerten wochenlang. Eines der Opfer war der 27-jährige Homer Morehouse aus New York, der beim Verlassen der Tanzfläche an Herzversagen starb, nachdem er 87 Stunden lang die Hüften geschwungen hatte.

FÄLLT ER IN DIE GRUBE

Henry Taylor

Gestorben am 19. Oktober 1872

Ein unerwarteter Todesfall ereignete sich auf einem Londoner Friedhof, als der 60-jährige Sargträger Henry Taylor stolperte, wobei den anderen Trägern der Sarg aus den Händen glitt, sodass dieser auf ihn stürzte. Nach einigem Durcheinander wurde die Bestattung wie geplant fortgesetzt. Man brachte Taylor ins Krankenhaus, doch erlag er einige Tage später seinen Verletzungen.

SEITEN-SPRUNG

Charles Rowan
Gestorben 1930

Der Südafrikaner Charles Rowan trat als „Karr, der Magier“ auf. Einer seiner Tricks bestand darin, sich aus einer Zwangsjacke zu befreien, während ein Auto auf ihn zu raste. Sein letzter Auftritt fand in Springfontein vor großem Publikum statt. Zwar gelang es ihm in letzter Sekunde, sich aus der Jacke zu befreien, doch reichte das leider nicht, um noch rechtzeitig beiseite zu springen. Das Auto riss ihm fast sein rechtes Bein ab, und bald darauf erlag er seinen Verletzungen.

BODENLOS

Charles Stephens

Gestorben am 11. Juli 1920

Charles Stephens, ein 58-jähriger Barbier und Hobby-Stuntman aus England, stürzte sich 1920 in einer Tonne die Niagarafälle hinunter. Optimist, der er war, wollte er aufrecht stehen, also befestigte er in der Tonne Riemen für die Arme und band sich einen Amboss an die Füße. Stephens stürzte mit solcher Wucht ins Wasser, dass der Amboss den Boden der Tonne durchschlug und den Barbier mit sich riss. Nur sein rechter Arm tauchte wieder auf.

NIAGARAFALLE

George A. Stathakis

Gestorben am 5. Juli 1930

Als sich George A. Stathakis in seinem selbst gebauten Fass über die Niagarafälle stürzte, befand sich der 46-jährige New Yorker Koch aus unerfindlichem Grund in Begleitung seiner Schildkröte Sonny. Das Fass war drei Meter lang, mit Stahl verstärkt und wog etwa eine Tonne. Die solide Konstruktion stellte sicher, dass Stathakis den Sturz aus 50 Metern Höhe überlebte, doch das schwere Fass tauchte erst am nächsten Morgen wieder aus den schäumenden Fluten auf. Da war er längst erstickt. Erstaunlicherweise hat Sonny den Sturz angeblich überlebt.

IRONIE DES SCHICKSALS

Bobby Leach

Gestorben im April 1926

Bobby Leach war ein englischer Stuntman, der sich im Juli 1911 in einer Tonne von den Niagarafällen stürzte. Doch war es keineswegs dieses todesverachtende Kunststück, das ihn das Leben kostete (auch wenn es ein halbes Jahr dauerte, bis er sich von seinen schweren Verletzungen erholt hatte). Er war erst der zweite Mensch, der diesen Sturz überlebte. Leach fuhr fort, das Schicksal herauszufordern, unter anderem, indem er mehrfach vergeblich versuchte, die Niagara-Stromschnellen zu durchschwimmen, und er bereiste die Welt, um den Menschen von seinen Abenteuern zu erzählen. 1926 verließ ihn das Glück, als er in Neuseeland auf einer Bananenschale ausrutschte und sich das Bein brach. Die Wunde infizierte sich, und zwei Monate später war er tot.

KNAPP DANEBEN

Karel Soucek

Gestorben am 20. Januar 1985

1984 überlebte der Kanadier Karel Soucek einen Sturz von den Niagarafällen unversehrt in einem Fass. Weshalb also findet er sich in diesem Buch wieder? Im Jahr darauf stieg Soucek in eine Tonne und stürzte sich darin aus sechzig Metern Höhe in ein vier Meter breites Wasserbecken. Im freien Fall kam das Fass ins Trudeln und knallte gegen den Beckenrand. Die 45.000 Zuschauer applaudierten, merkten erst, dass offenbar nicht alles nach Plan gelaufen war, als Sanitäter herbeieilten und den Stuntman forttrugen. Soucek erlitt schwerste Verletzungen, darunter auch eine Schädelfraktur, von der er sich nicht mehr erholte.

STICHHALTIGER BEWEIS

Jesse William Lazear

Gestorben im September 1900

Der amerikanische Wissenschaftler Jesse William Lazear gehörte einem Forschungsteam an, das auf Kuba die Ursache für das tödliche Gelbfieber untersuchte. Immer wieder erkrankten Soldaten seines Stützpunktes daran. Er wollte unbedingt beweisen, dass diese Krankheit von Moskitos übertragen wurde, und so ließ er sich absichtlich stechen. Erwartungsgemäß lag er schon bald mit Gelbfieber darnieder und bewies damit seine Theorie – starb allerdings auch zwei Wochen später daran.

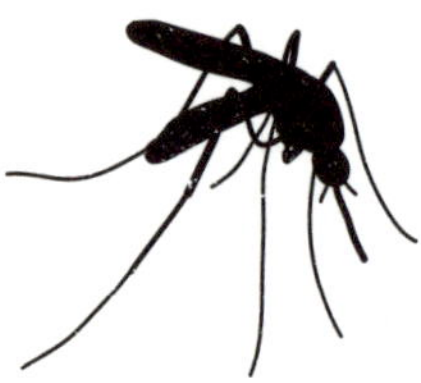

OLIVE DES TODES

SHERWOOD ANDERSON

Gestorben am 8. März 1941

Der amerikanische Schriftsteller Sherwood Anderson beging den schweren Fehler, sich an Bord eines Schiffes auf dem Weg nach Südamerika seinen Lieblingsdrink – einen Martini – zu genehmigen. Dabei verschluckte er versehentlich den Zahnstocher, der in der Olive gesteckt hatte. Bald darauf bekam er furchtbare Magenschmerzen und starb in Panama an einer Bauchfellentzündung.

HOLZBEIN SEI WACHSAM

Sir Arthur Aston

Gestorben am 10. September 1649

Während der Invasion Irlands im Englischen Bürgerkrieg belagerte Oliver Cromwell mit seiner Armee die Stadt Drogheda, die von königlichen Truppen unter dem Kommando Sir Arthur Astons gehalten wurde. Dieser hatte im Krieg bereits ein Bein verloren, und es hieß, in seinem Holzbein habe er Goldmünzen versteckt. Cromwell bot Aston an, sich zu ergeben, doch der Veteran dachte gar nicht daran. Als die Belagerer schließlich die Stadtmauer durchbrachen, nahmen sie Astons Holzbein und „prügelten ihm damit die Seele aus dem Leib“.

VERHEISSUNG

Empedokles

Gestorben 430 v. Chr.

Empedokles war ein griechischer Philosoph von der Insel Sizilien. Er glaubte, der Tod hätte damit zu tun, dass sich das Blut mit der Zeit abkühlte. Daraus folgerte er, man müsse nur in den Krater des aktiven Vulkans Ätna springen, um ein Gott zu werden und ewig zu leben. Ob ihm Erfolg beschieden war, lässt sich nicht mit Gewissheit sagen, aber so oder so änderte er seine Daseinsform.

POSTWENDEND

THAN SINGH

Gestorben im Juni 2010

Der 70-jährige Inder Than Singh wunderte sich, als er einen Brief vom örtlichen Krematorium erhielt, da in letzter Zeit von Freunden und Familie niemand verstorben war. Als er den Brief öffnete, stellte er erschrocken fest, dass es sich um den Beleg für seine eigene Einäscherung handelte. Der Schreck war sogar so groß, dass er einen Herzinfarkt erlitt und später im Krankenhaus verstarb. Nachdem Singh dann tatsächlich eingeäschert worden war, erhielt seine Familie einen weiteren Beleg – mit derselben Seriennummer.

SCHLÜSSELERLEBNIS

Ray Langston
Gestorben im September 1996

Ray Langstons Tag nahm eine unerwartet dramatische Wendung, als ihm die Autoschlüssel vor dem Haus seines Bruders in Detroit in einen Gully fielen. Mithilfe eines Kleiderbügels gelang es dem 41-Jährigen, den schweren Gullydeckel anzuheben, und er beugte sich in das schulterbreite Loch. Bei dem Versuch, nach den Schlüsseln zu greifen, rutschte er kopfüber ins Wasser. Sein Bruder versuchte verzweifelt, ihn zu befreien, doch Ray steckte fest und ertrank, obwohl das Wasser kaum einen halben Meter hoch stand.

DER GEBILDETE KRANKE

MOLIÈRE
GESTORBEN AM 17. FEBRUAR 1673

Jahrelang litt der französische Dramatiker und Schauspieler Molière an Tuberkulose, sodass er – wenig überraschend – auch daran starb. Überraschender waren Ort und Zeitpunkt seines Ablebens. Blut hustend brach er auf der Bühne zusammen, während der Aufführung seines neuen Theaterstücks „Der Eingebildete Kranke“, in dem er einen Hypochonder spielte, der ständig unter irgendwelchen „Gebrechen“ litt. Molière brachte das Stück zu Ende, starb jedoch am Tag darauf.

NEBENBEI BEMERKT

- *Etwa 50.000 Menschen wurden zwischen 1450 und 1750 in Europa als Hexen verbrannt, zwanzig Prozent davon waren Männer.*
- *Pulver aus zermahlenen ägyptischen Mumien war im Europa des 16. Jahrhunderts ein begehrtes Heilmittel und sogar noch im 20. Jahrhundert in Gebrauch.*
- *Im Jahr 1900 lag die durchschnittliche Lebenserwartung eines Europäers bei 31 Jahren.*
- *Jedes Jahr sterben in den USA noch immer Menschen an der Pest, dem Schwarzen Tod.*
- *Die letzte Hinrichtung durch eine Guillotine fand 1977 in Frankreich statt.*

AUSGEFEGT

NORDIN MONTONG

Gestorben am 13. November 2008

Im Zoo von Singapur ließ ein Tierpfleger sein Leben, als er unbedarft ins Freigehege der weißen Tiger sprang. Sofort reagierten die drei riesigen Raubkatzen auf ihr neues Spielzeug und fielen über den Mann her, der sich nur mit Eimer und Besen verteidigen konnte. Bis es gelungen war, die Tiere abzulenken, hatten sie dem Mann bereits tödliche Verletzungen beigebracht.

VERKAKT

DAVID GRUNDMAN

Gestorben 1982

David Grundman und sein Freund James Suchochi übten sich in der Wüste von Arizona im Zielschießen, dem in der Gegend beliebten „Kaktusköpfen". Grundman nahm ein altes, sieben Meter hohes Exemplar ins Visier und trennte mit nur einem Schuss einen schweren Ast ab. Unglücklichweise hatte er nicht darauf geachtet, genügend Abstand zu halten, und wurde von dem stachligen Ding erschlagen.

SCHLUCKBESCHWERDEN

PATRICK MULRANEY

Gestorben am 29. Juni 1891

Mulraney, seines Zeichens Zirkusjongleur und Schwertschlucker, entsagte während eines Auftritts in Columbus, Ohio, seinen Schwertern und machte sich stattdessen daran, einen Geigenbogen zu verschlucken. Nachdem er es zweimal vergeblich versucht hatte und vor Schmerzen aufgeben musste, fing er vor den Augen seines entsetzten Publikums an, Blut zu spucken. Seine Qual dauerte noch bis zum nächsten Morgen, als er schließlich starb.

IN DER KLEMME

JOHN JONES

GESTORBEN AM 25. NOVEMBER 2009

John Jones gehörte einer Gruppe von Höhlenkletterern an, die durch die unterirdischen Gänge einer beliebten Höhle in Utah krochen. Irgendwann bog er auf eigene Faust ab und zwängte sich durch einen abwärts führenden Gang, gerade mal 45 x 25 Zentimeter breit, der sich als Sackgasse entpuppte. Als er jedoch zurückwollte, merkte Jones, dass er feststeckte. Seine Freunde scheiterten bei dem Versuch, ihn herauszuziehen, und auch die 50-köpfige Rettungsmannschaft konnte ihm nicht helfen. Er saß 38 Meter unter der Erde fest. Nach 28 Stunden verlor Jones das Bewusstsein. Am Ende konnten die Retter nichts mehr für ihn tun. Seine Leiche wurde nie geborgen und die Höhle für immer versiegelt.

VÖLLIG LOSGELÖST

Michael Lush

Gestorben am 13. November 1986

In den 1980er-Jahren suchte und trainierte die BBC im Rahmen ihrer Sendung *The Late, Late Breakfast Show* Zuschauer für gefährliche Stunts, um diese live im Fernsehen aufzuführen. Der Bauarbeiter Michael Lush zählte zu den Auserwählten. Er sollte sich aus einer Kiste befreien, die in 36 Metern Höhe an einem Kran hing, bis sie „explodierte" – um dann mit einem Bungee-Seil abzuspringen. Während der Proben konnte er sich zwar aus der Kiste befreien, stürzte jedoch ab, als sich das Seil löste. Nach diesem Unglück wurde die Sendung sofort abgesetzt.

KOMMUNIKATION IST ALLES

Ravi Subramanian

Gestorben am 16. Dezember 2015

Die Crew des Air-India-Fluges 619 von Mumbai nach Hyperabad war spät dran. Eilig richtete man sich im Cockpit ein und bereitete sich auf den Start vor. In der Eile missdeutete der Co-Pilot eine Geste des Bodenpersonals und startete die Motoren, obwohl noch jemand unter der Maschine arbeitete. Augenblicklich wurde der Techniker Ravi Subramanian in eine der Turbinen gesogen und zerteilt.

KALT ERWISCHT

CHELSEA AKE-SALVACION
Gestorben am 20. Oktober 2015

Die Ganzkörperkältetherapie besteht darin, den Körper extrem kalter Luft auszusetzen (unter -100°C), in Tanks mit Flüssigstickstoff, bis zu vier Minuten am Stück. Angeblich verbrennt die Behandlung Kalorien, vermindert Entzündungen und verlangsamt den Alterungsprozess. Eines Abends schrieb die Kältetherapeutin Chelsea Ake-Salvacion aus Las Vegas ihrem Freund eine Nachricht, es würde später werden, denn sie wollte sich noch in eine der Kammern setzen. Er hörte nie wieder von ihr. Am nächsten Morgen wurde sie von Kollegen steif gefroren am Boden der Kältekammer aufgefunden. Man geht davon aus, dass Ake-Salvacion an giftigen Gasen erstickt ist, die durch den flüssigen Stickstoff entstehen können.

SPORT IST MORD

JON DESBOROUGH

GESTORBEN AM 10. JUNI 1999

Im Sportunterricht an einer Schule in Liverpool sollten sich die Schüler im Speerwurf üben. Der Lehrer, Jon Desborough, wollte ihnen zeigen, wie man einen Speer sicher wieder vom Feld holte, doch als er danach griff, rutschte er auf dem Gras aus und fiel so unglücklich auf das stumpfe Ende des Schafts, dass dieser durch seine Augenhöhle bis in den Schädel drang. Desborough konnte seinen Schülern zwar noch sagen, dass sie Hilfe holen sollten, doch fiel er später ins Koma und erlag drei Wochen später seiner Verletzung.

WEM DIE STUNDE SCHLÄGT

NICHT IDENTIFIZIERTE TERRORISTEN

Gestorben am 5. September 1999

Im Jahr 1999 plante eine Bande von palästinensischen Terroristen zeitgleiche Anschläge in zwei israelischen Städten. Eine Gruppe sollte die Zeitbomben auf palästinensischem Gebiet bauen, und eine andere bekam die Aufgabe, sie in israelischen Bussen zu deponieren. Die Timer wurden nach palästinensischer Sommerzeit eingestellt, doch hatte niemand bedacht, dass die Uhren in Israel – so wie auch die Armbanduhren der Kuriere – bereits auf Standardzeit gestellt waren. Die Bomben explodierten wie programmiert, für die Terroristen jedoch eine Stunde zu früh. Da waren sie noch auf dem Weg zu den Busstationen, sodass drei der vier Verschwörer umkamen.

TRITTFEST

PHILLIP MCCLEAN

Gestorben am 6. April 1926

Der Kasuar ist ein großer, flugunfähiger Vogel, der in Australasien lebt und einen furchterregenden Ruf genießt. Mit seinen kräftigen Beinen und den rasiermesserscharfen Krallen tritt er nach allem, was er für bedrohlich hält, auch nach Menschen. 1926 begegnete der sechzehnjährige Phillip McClean im Garten einem Kasuar und beschloss, das Tier mithilfe eines Knüppels zu vertreiben. Der Vogel wehrte sich und Phillip kam ins Stolpern. Als der Kasuar ihm an den Hals trat, traf er dabei eine Arterie, woraufhin der Junge verblutete. Nur selten fällt ein Mensch einem Vogel zum Opfer.

FATALE LOGIK

KURT GÖDEL
GESTORBEN AM 14. JANUAR 1978

Der österreichisch-amerikanische Mathematiker und Philosoph Kurt Gödel erlangte als Logiker weltweite Berühmtheit. Im Alter jedoch litt er zunehmend an paranoiden Wahnvorstellungen und entwickelte eine höchst unlogische Furcht davor, vergiftet zu werden, die sich darin ausdrückte, dass er nur aß, was seine Frau Adele ihm kochte. Als die eines Tages ins Krankenhaus musste, weigerte sich der über 70-jährige Gödel, irgendetwas zu sich zu nehmen, das jemand anders zubereitet hatte. Unglücklicherweise blieb Adele so lange weg, dass Gödel bei ihrer Rückkehr nur noch 30 Kilo wog. Nun wurde er selbst ins Krankenhaus eingeliefert, starb jedoch zwei Wochen später an Unterernährung und Entkräftung.

AUS ALLEN WOLKEN

Ivan Lester McGuire

Gestorben am 2. April 1988

Ivan Lester McGuire war ein erfahrener Fallschirmspringer, der schon Hunderte Sprünge absolviert hatte, doch dann unterlief ihm ein tödlicher Fehler. Am fraglichen Tag wollte er einen Schüler filmen, mit Helmkamera und Aufnahmegerät auf dem Rücken – damals, 1988. Das aufgefundene Video zeigt, wie McGuire aus dem Flugzeug springt, sich sein Fallschirm jedoch nicht öffnen will … weil da kein Fallschirm ist – er hatte ihn vergessen. Man geht davon aus, dass er wohl übermüdet war und ihn die Kameraausrüstung auf dem Rücken in die Irre geführt hatte.

HOCH ZU ROSS

Friedrich I.

Gestorben am 10. Juni 1190

Im 12. Jahrhundert führte Friedrich I., König von Deutschland und Kaiser des Heiligen Römischen Reiches, während des Dritten Kreuzzugs eine Armee nach Jerusalem, um die Stadt von dem muslimischen Sultan Saladin zu befreien. Friedrichs ungeheure Streitmacht rang alles nieder, was sich ihr in den Weg stellte, bis sie zum Fluss Saleph kam (in der heutigen Türkei). Beim Durchqueren fiel Friedrich I. vom Pferd und ertrank in seiner schweren Rüstung. Damit endete auch die Teilnahme seiner Truppen am Dritten Kreuzzug, und die Eroberung der Heiligen Stadt misslang.

HARTER AUFSCHLAG

DICK WERTHEIM

Gestorben am 15. September 1983

Während des Finales im Junioren-Einzel der US Open 1983 traf der junge Schwede Stefan Edberg den Linienrichter Dick Wertheim so heftig in den Unterleib, dass dieser von seinem Stuhl fiel und mit dem Kopf auf den harten Boden des Tenniscourts schlug. Dabei erlitt er einen Hirnschaden, dem er eine Woche später erlag. Als Erwachsener sollte Edberg den Wettbewerb im Herren-Einzel zweimal gewinnen.

HIRNLOS

TERRY KATH
GESTORBEN AM 23. JANUAR 1978

Terry Kath, der Gitarrist der Rockband *Chicago*, war auf einer Party bei Freunden in Los Angeles. Gegen Ende des Abends fing der Waffennarr Kath an, mit seinen zwei Pistolen herumzufuchteln. Er hielt sich eine leere Waffe an den Kopf und tat, als spielte er Russisches Roulette. Dann zückte er seine 9mm-Automatik, obwohl ihm sein Freund riet, lieber vorsichtig zu sein. „Keine Sorge, ist nicht geladen“, erwiderte er und zeigte ihm das leere Magazin. Kath hielt sich die Mündung an die Schläfe und drückte ab. Dummerweise steckte noch eine Kugel im Lauf. Er war sofort tot.

SCHLEUDERTRAUMA

WILLIAM SNYDER

Gestorben im Januar 1854

Sollten Sie an Coulrophobie leiden (krankhafte Angst vor Clowns), sollten Sie sich jetzt abwenden. Seiner faszinierenden Todesurkunde nach zu urteilen, starb der 13-jährige William Snyder aus Cincinnati, Ohio, im Jahr 1854, nachdem er „an den Füßen von einem Zirkusclown herumgeschleudert wurde“. Die genaue Todesursache – ob er aus Angst starb oder der Clown ihn mittendrin losließ – ist nicht bekannt.

EINGEBROCHEN

SANTIAGO ALVARADO

Gestorben am 3. Februar 1997

Der fünfundzwanzigjährige Santiago Alvarado starb beim Einbruch in einen Fahrradladen im kalifornischen Lompoc. Offenbar stürzte er ab, als er versuchte, bei Nacht und Nebel durch ein Oberlicht in den Laden einzudringen. Der Aufschlag am Boden trieb ihm die Taschenlampe, die er im Mund hatte, mit solcher Wucht in den Rachen, dass sie ihm das Genick brach.

WEINSELIG

GEORGE PLANTAGENET

Gestorben am 18. Februar 1478

George Plantagenet, der Earl of Clarence, beteiligte sich mehrfach an Rebellionen gegen seinen Bruder, König Edward IV., und wurde schließlich des Hochverrats für schuldig befunden. Er wurde hingerichtet, wenn auch auf einfallsreichere – und kostspieligere – Weise als damals üblich. Man ertränkte ihn in einem Fass Madeirawein, allem Anschein nach auf eigenen Wunsch.

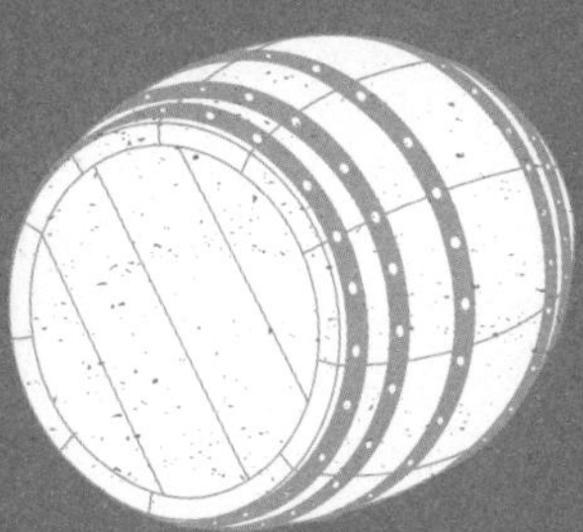

UNGEWÖHNLICHE HINRICHTUNGS-METHODEN

- **Von Elefanten totgetrampelt** *(Südasien) – eine Methode, die bis ins 19. Jahrhundert praktiziert wurde.*
- **Sizilianischer Bulle** *(antikes Griechenland) – Opfer wurden bei lebendigem Leib im Inneren eines Bronzebullen gekocht, wobei ihre Schreie aus dessen Maul drangen.*
- **Rattenfolter** *(Europa) – im 16. Jahrhundert setzte man hungrige Ratten auf den Bauch des Opfers, unter einem umgedrehten Eimer, auf den man glühende Kohlen legte (damit die Ratten alles daran setzten, vor der Hitze zu entkommen).*
- **Tod durch tausend Schnitte** *(China) – Opfer wurden öffentlich gefesselt und langsam in Scheiben geschnitten, bis sie starben, eine Sitte, die erst 1905 verboten wurde.*

TOTENTANZ

Jean-Baptiste Lully

Gestorben am 22. März 1687

Lully war ein angesehener Komponist und Balletttänzer am Hofe des französischen Königs Ludwig XIV. Bei einer Aufführung in einer Pariser Kirche dirigierte er derart enthusiastisch, dass er sich mit seinem schweren, langen Taktstock einen Zeh zertrümmerte. Der Fuß entzündete sich, vermutlich weil er das Tanzen nicht lassen konnte, und Hofärzte empfahlen eine Amputation. Der leidenschaftliche Tänzer verweigerte jedoch die Behandlung, was ihn schließlich das Leben kostete.

SCHNEEHUHN

Francis Bacon
Gestorben am 9. April 1626

Der berühmteste Universalgelehrte, Schriftsteller und Wissenschaftsphilosoph des elisabethanischen Zeitalters führte seine Experimente gern persönlich durch. Eines Winters reiste Bacon durch das verschneite London, als ihm die Idee kam, dass es vielleicht möglich wäre, Fleisch mit diesem kalten, weißen Zeugs zu konservieren. Er unterbrach seine Reise, tötete ein Huhn und stopfte es zur Kühlung mit Schnee aus. Leider zog er sich dabei eine tödliche Lungenentzündung zu.

UNTER SCHLECHTEM STERN

Marc Aaronson

Gestorben am 30. April 1987

Aaronson war ein bekannter Astronom, der den Nachthimmel durch ein gigantisches Teleskop in Tuscon, Arizona, beobachtete. Die drehbare Kuppel der Anlage kam automatisch zum Stehen, sobald die Tür geöffnet wurde, zum Beispiel, um einen Blick auf das Wetter zu werfen. Eines Abends trat Aaronson eben deshalb kurz hinaus, während die tonnenschwere Kuppel noch in Bewegung war, und wurde von ihr zerquetscht.

EINGETOPFT

Agathokles

Gestorben 289 v. Chr.

Agathokles war ein ehrgeiziger Töpfer, der Soldat wurde, in eine reiche Familie einheiratete und dann – nach mehreren erfolglosen Versuchen – gewaltsam die Macht an sich riss. Der selbst ernannte König von Sizilien war ein grausamer Herrscher und nicht sonderlich beliebt. Er fand sein Ende durch einen vergifteten Zahnstocher, dessen Gift seinen Körper lähmte, ihn jedoch am Leben ließ, sodass er bei seiner Einäscherung noch bei Bewusstsein war.

REGEN-SCHIRMSP(R)ITZE

Georgi Markow

Gestorben am 11. September 1978

Georgi Markow war ein regimekritischer Schriftsteller aus dem kommunistischen Bulgarien, der Ende der 60er-Jahre in den Westen floh. Als er zehn Jahre später auf der Londoner Waterloo Bridge an einer Bushaltestelle stand, spürte er einen stechenden Schmerz im Bein. Er drehte sich um und sah gerade noch einen Mann weglaufen, mit einem Regenschirm in der Hand. Noch am selben Tag bekam Markow Fieber und verstarb vier Tage später. Untersuchungen ergaben, dass der Attentäter ihm mithilfe eines präparierten Regenschirms eine winzige Menge des tödlichen Gifts Rizin injiziert hatte, für das kein Gegenmittel bekannt ist.

BÄREN-DIENST

Jörg Jenatsch

Gestorben am 24. Januar 1639

Jörg Jenatsch war ein eidgenössischer Politiker, der sich im Dreißigjährigen Krieg etliche Feinde gemacht hatte. Seine Untaten holten ihn ein, als er während der Karnevalszeit an einem Festgelage in der Stadt Chur teilnahm. Eine Gruppe kostümierter Männer stürmte das Fest, und ein mysteriöser Attentäter im Bärenkostüm erschlug Jenatsch mit einer Axt.

FEHL-GESTEUERT

ROBERT WILLIAMS

Gestorben am 25. Januar 1979

Robert Williams arbeitete als Lagerist bei den Ford-Autowerken in Michigan, als ihn der Arm eines tonnenschweren Roboters von hinten am Kopf traf. Nachdem die Maschine immer wieder falsche Teile aus den Regalen geholt hatte, war Williams selbst hinaufgeklettert, ohne zu bedenken, dass die Maschine weiterarbeitete, was ihm zum Verhängnis wurde. Er gilt als der erste Mensch, der einem Roboter zum Opfer fiel – wenn er auch keineswegs der letzte bleiben sollte ...

TODESGALOPP

FRANK HAYES
GESTORBEN AM 4. JUNI 1923

Der Aushilfsjockey Frank Hayes saß auf dem Rücken eines wenig chancenreichen Pferdes namens *Sweet Kiss*, als er bei einem Hindernisrennen in New York State plötzlich einen Herzinfarkt erlitt und in sich zusammensank. Irgendwie hielt er sich im Sattel, während das Pferd unbeirrt die letzten Hindernisse nahm und das Rennen um Kopfeslänge gewann. Es war Hayes' allererster Sieg, doch lebte er nicht mehr, als er über die Ziellinie kam. So wurde er zum einzigen Jockey, der je tot ein Rennen gewonnen hat.

KATZENJAMMER

Hannah Twynnoy

Gestorben am 23. Oktober 1703

Hannah Twynnoy arbeitete als Bardame im White Lion Pub von Malmesbury, Wiltshire, als ein Wanderzoo mit einem Tiger die Stadt besuchte. Sie war dermaßen fasziniert von diesem Tier, dass sie nicht aufhören konnte, es zu piesacken, obwohl man sie wiederholt davor gewarnt hatte. Als sie es eines Tages auf die Spitze trieb, brach der Tiger aus seinem Käfig aus und zerfleischte sie. Vor Twynnoy war in Großbritannien gewiss noch niemand einem Tiger zum Opfer gefallen. Der Vorfall ist sogar auf ihrem Grabstein beschrieben:

In der Blüte ihres Lebens
Ward sie uns genommen,
Hatte keine Kraft
Auch nur sich zu wehren,
Denn ein wilder Tiger
Nahm ihr dieses Leben,
Auf dass sie hier nun liegen mag
Auf ihrem Bett aus Lehm
Bis zu dem Jüngsten Tag.

SCHÄDELDRAMA

Sigurd der Mächtige

Gestorben im 9. Jahrhundert

Sigurd der Mächtige, Earl of Orkney, fiel seinem toten Feind zum Opfer. Nachdem er Máel Brigte in der Schlacht erschlagen hatte, nahm er dessen Kopf als Trophäe und band ihn an seinen Sattel. Auf dem Triumphzug in die Heimat gab er seinem Pferd die Sporen, wobei Brigtes Zähne ihn am Bein verletzten. Es war nur ein kleiner Kratzer, der jedoch eine tödliche Blutvergiftung zur Folge hatte.

NEBENBEI BEMERKT

- *Nachdem Wilhelm der Eroberer 1087 gestorben war, musste die Bestattung verschoben werden, sodass Gase seinen Leichnam aufblähten. Als Mönche versuchten, den geschwollenen Leib in einen Sarg zu zwängen, platzte er und erfüllte die Kirche mit unerträglich fauligem Gestank.*
- *Im Jahr 1567 kam Hans Steininger, der Bürgermeister von Braunau in Österreich, ums Leben, als er über seinen prächtigen, einen Meter achtzig langen Bart stolperte. Normalerweise rollte er ihn zur Sicherheit ein, doch eines Tages brach ein Feuer aus. In der Eile stolperte er über seine Gesichtsbehaarung und brach sich das Genick. Steiningers Bart wird heute noch im Ort ausgestellt.*
- *Im Januar 1570 wurde James Stewart, der 1st Earl of Moray, aus dem Hinterhalt mit einem Karabiner (einer frühen Art von Gewehr) erschossen und gilt somit als erstes Attentatsopfer durch eine Schusswaffe.*
- *1771 starb der für seine Unersättlichkeit berühmte König Adolf Friedrich von Schweden, nachdem er ein königliches Mahl verzehrt hatte, das aus Hummer, Kaviar, Sauerkraut und Heringen bestand, dazu Champagner und vierzehn Teile von schwedischem Gebäck. Es heißt, er sei einem Schlaganfall erlegen.*

BRENNEN FÜR DIE KUNST

MARTHA MANSFIELD
GESTORBEN AM 30. NOVEMBER 1923

Die aufstrebende, junge Filmschauspielerin Martha Mansfield zog sich während einer Pause bei den Dreharbeiten zum Bürgerkriegsdrama *The Warrens of Virginia* in ihren Wagen zurück. Dort entzündete ein unvorsichtig angerissenes Streichholz Mansfields schweres Kostümkleid, das sofort Feuer fing. Verzweifelt versuchte man, sie zu retten, doch ließen sich die Flammen nicht schnell genug ersticken, sodass sie schwerste Verbrennungen erlitt, denen sie kaum vierundzwanzig Stunden später erlag.

AFFEN-SCHANDE

Alexander von Griechenland

Gestorben am 25. Oktober 1920

König Alexander von Griechenland war siebenundzwanzig, kerngesund und erst drei Jahre im Amt, als er im königlichen Garten von Athen einem Affen zum Opfer fiel. Bei dem Versuch, das Tier aus dem Maul eines seiner Wolfshunde zu befreien, biss ihn ein anderer Affe ins Bein. Die Wunde entzündete sich, was zu einer Blutvergiftung führte, die drei Wochen später seinen Tod zur Folge hatte.

KOPFBALL

Alan Fish

Gestorben am 20. Mai 1970

Der vierzehnjährige Baseballfan Alan Fish sah sich im Dodger Stadium von Los Angeles ein Spiel gegen die San Francisco Giants an, als Manny Mota von den Dodgers den Ball in die Tribüne schlug, was an sich nichts Ungewöhnliches ist. Allerdings traf dieser Ball den Jungen mit voller Wucht an der Schläfe. Nachdem man ihm eine Kopfschmerztablette verabreicht hatte, schien alles in Ordnung zu sein, und er fuhr mit seiner Familie nach Hause. Vier Tage später jedoch erlag er seiner Verletzung und war somit der erste und einzige Zuschauer, der je bei einem Baseballspiel der Major League zu Tode kam.

NEBENBEI BEMERKT

Ray Chapman von den Cleveland Indians ist der einzige Spieler, der je bei einem Baseballspiel der Major League ums Leben kam. 1920 warf der Pitcher Carl Mays von den New York Yankees einen unfairen „Beanball“ auf Chapman, der diesen so hart traf, dass er davon einen Schädelbruch erlitt.

KUHBOMBE

JOÃO MARIA DE SOUZA

Gestorben am 11. Juli 2013

João Maria de Souza aus der brasilianischen Stadt Caratinga lag mit seiner Frau des Nachts im Bett, als eine Kuh durch das Dach einbrach und auf ihn herabstürzte, wobei sie seine Frau nur knapp verfehlte. Das schwere Tier hatte sich vom Hügel hinterm Haus auf das Dach verirrt, das dem Gewicht offensichtlich nicht gewachsen war. De Souza wurde mit schweren inneren Verletzungen ins Krankenhaus eingeliefert und verstarb am nächsten Tag.

ERSTE VON UNZÄHLIGEN

Mary Ward

Gestorben am 31. August 1869

Die irische Astronomin Mary Ward fuhr in einem frühen dampfgetriebenen Wagen mit (den ihre Cousins gebaut hatten). Als sie auf dem sperrigen Gefährt in einer Kurve den Halt verlor, fiel sie heraus und geriet unter die Räder. Die 42-Jährige war das erste aktenkundige Opfer eines Verkehrsunfalls.

NEBENBEI BEMERKT

Henry H. Bliss war der erste Mensch, der in den USA von einem Auto getötet wurde. Er wurde 1899 in New York von einer Elektro-Droschke überfahren.

RÜCKSICHTS-LOSE RASEREI

BRIDGET DRISCOLL

GESTORBEN AM 17. AUGUST 1896

Bridget Driscoll, 43, wurde zur ersten Fußgängerin, die in Großbritannien bei einem Verkehrsunfall ums Leben kam, als sie beim Überqueren einer Straße auf dem Gelände des Crystal Palace in London von einem Fahrzeug der *Anglo-French Motor Carriage Company* überfahren wurde. Das Automobil bewegte sich nur mit acht Stundenkilometern vorwärts, denn schneller fuhr es nicht. Der Richter meinte, er hoffe, so etwas käme nie wieder vor.

HAUSSTURZ

Aischylos

Gestorben ca. 450 v. Chr.

Der alte Grieche Aischylos zählt zu den ganz wenigen Menschen, die je von einer Schildkröte erschlagen wurden. Dem gefeierten Athener Dramatiker war prophezeit worden, ihn würde ein „fallendes Haus“ töten, und so verbrachte er seine Zeit meist im Freien. Als er eines Tages unter freiem Himmel spazieren ging, flog ein Adler mit einer Schildkröte über ihn hinweg. Um den Panzer des Reptils zu knacken, ließ der Vogel das Tier fallen, und es landete auf dem Kopf des ahnungslosen Aischylos, was ihm den Schädel zertrümmerte.

INS EIGENE FLEISCH

JINTARO ITOH

Gestorben am 17. September 1979

Der Geschäftsmann Jintaro Itoh wollte sich ins japanische Parlament wählen lassen und mit einer riskanten Aktion die Sympathien der Öffentlichkeit für sich gewinnen. Sein Plan bestand darin, sich vor seinem Haus selbst ins Bein zu stechen und so zu tun, als sei er überfallen worden, um dann als Held seine Kandidatur vom Krankenhausbett aus zu erklären. Als Itoh sich das Messer jedoch in den Oberschenkel stach, traf er dabei versehentlich eine Arterie und verblutete am Straßenrand.

HUNGERHAKEN

Luang Pho Daeng

Gestorben 1973

Als der buddhistische Mönch Luang Pho Daeng ahnte, dass er bald sterben würde, nahm er sich vor, anderen als spirituelles Vorbild zu dienen. Er begann zu meditieren und unterzog sich einer strengen Hungerdiät, um seinen Körper auszutrocknen, wobei er sich faktisch selbst mumifizierte. Als er schließlich starb – beim Meditieren –, blieb er im Lotussitz erhalten und wird seither im Wat Khunaram-Tempel von Koh Samui ausgestellt.

NEBENBEI BEMERKT

Der russische Schriftsteller Nikolai Gogol wurde mit zunehmendem Alter immer exzentrischer. Der Autor von *Die toten Seelen* und *Der Revisor* war derart besessen von Gebeten und religiösem Fasten, dass er 1852 im Alter von 42 Jahren verhungerte. Vorher hatte er zudem auch noch das Manuskript verbrannt, in dem die Arbeit der letzten fünf Jahre steckte.

SCHWERER FEHLER

Joe Burrus

Gestorben am 31. Oktober 1990

Der amerikanische Zauberer Joe Burrus wollte sich lebendig begraben lassen, um sich dann – als Tribut an Harry Houdini – aus seinem Grab zu befreien. Das Kunststück war ihm schon im Jahr zuvor gelungen, doch ging er diesmal einen Schritt weiter, indem er Zement statt Erde verwendete. Das Ereignis fand an Halloween in einem Vergnügungspark im kalifornischen Fresno statt, vor den Augen einer gespannten Menschenmenge. Burrus trug Handschellen und lag in Ketten in einem durchsichtigen Sarg, der in ein frisch ausgehobenes Grab herabgelassen wurde. Als man den Zement darauf goss, hörten die Umstehenden ein dumpfes Knacken, da der Plastiksarg das Gewicht nicht halten konnte. Burrus hatte keine Chance.

UNGEWÖHNLICHE BESTATTUNGEN

- *Der legendäre Horrorfilmdarsteller Bela Lugosi wurde 1956 in seinem Dracula-Kostüm zu Grabe getragen.*
- *1977 begrub man die Texanerin Sandra West am Steuer ihres Ferrari 330 auf einem Friedhof von San Antonio.*
- *1992 wurde etwas Asche von Star-Trek-Schöpfer Gene Roddenberry per Space Shuttle ins All geflogen und wieder zurück auf die Erde gebracht. 1997 dann schoss man etwas von seiner Asche mit einer Rakete in die Erdumlaufbahn.*
- *Im Jahr 2008 wurde die Asche von Fredric J. Baur aus Cincinnati in einer Pringles-Röhre bestattet – er hatte die Verpackung in den 1960er-Jahren entworfen.*
- *2014 begrub man Billy Standley aus Ohio auf seiner 1967er Harley-Davidson. Der einbalsamierte Leichnam saß in einem durchsichtigen Sarg aufrecht auf seinem Motorrad.*
- *Die Asche des italienischen Unternehmers Renato Bialetti, der den achteckigen Espressokocher populär gemacht hatte, wurde 2016 in einer übergroßen Version seiner berühmten Kaffeekanne beigesetzt.*

VERKLEMMT

GILBERT GENESTA

Gestorben am 9. November 1930

Gilbert Genesta war ein Zauberer aus Kentucky, der regelmäßig seinen berühmten Befreiungstrick vorführte. Dabei ließ er sich in einen Tank hinab, der bis zum Rand mit Wasser gefüllt und durch sechs Vorhängeschlösser gesichert war, was ihm zwei Minuten Zeit ließ, sich daraus zu befreien, wenn er nicht ertrinken wollte. Eines Abends tauchte Genesta nicht rechtzeitig auf und klopfte in Panik von innen an den Tank. Bis die Helfer den Behälter jedoch öffnen konnten, hatte Genesta bereits das Bewusstsein verloren. Er starb später im Krankenhaus. Das Geheimnis seines Tricks bestand in einem zweiten Deckel, den Genesta normalerweise hinter dem Vorhang öffnen konnte, ohne irgendwelche Schlösser öffnen zu müssen. Leider ahnte der Zauberer nicht, dass der Tank den Bühnenhelfern vor dem Auftritt heruntergefallen war. Dadurch hatte sich der Deckel so verzogen, dass er klemmte.

DER LETZTE VORHANG

William Ellsworth Robinson
Gestorben am 24. März 1918

Der berühmteste Trick des Illusionisten William Ellsworth Robinson, der unter dem Namen Chung Ling Soo auftrat, bestand darin, die Kugeln aus zwei präparierten Waffen aufzufangen – mit den Zähnen. Eines Abends brach er in London auf der Bühne zusammen, nachdem die Waffen abgefeuert worden waren, und rief „Vorhang zu! Ich bin getroffen!" Er starb am nächsten Tag. Robinson hatte seine Waffen nicht ausreichend gereinigt, weshalb sich Pulverreste angesammelt hatten und eine echte Kugel abfeuerten, die noch im Lauf steckte.

GEISTESBLITZ

JASON FINDLEY

Gestorben am 21. Mai 1985

Der siebzehnjährige Jason Findley aus New Jersey wurde tot neben dem Telefon in seinem Schlafzimmer aufgefunden. Monatelang konnten die Umstände seines Todes nicht aufgeklärt werden, bis man herausfand, dass er vom Blitz getroffen worden war, auch wenn Findleys Körper keinerlei Verbrennungen aufwies und in seinem Zimmer nichts beschädigt war. Der Blitz hatte in die Telefonleitung draußen vor dem Haus eingeschlagen und seinem Gehirn durch den Hörer einen tödlichen Stromschlag verpasst, ganz ohne Spuren zu hinterlassen.

MORTE FORTISSIMO

Americo Sbigoli
Gestorben im Januar 1822

Der italienische Tenor Americo Sbigoli starb während der Aufführung einer Pacini-Oper. In dem Versuch, dem ersten – kräftigeren – Tenor nachzueifern, sang Sbigoli mit solcher Inbrunst, dass seine Halsschlagader dem Druck nicht standhielt und er kurz darauf innerlich verblutete.

FREIER FALL

Franz Reichelt

Gestorben am 4. Februar 1912

Franz Reichelt aus Österreich glaubte, fliegen zu können. Er entwarf einen geflügelten Fallschirmanzug und beschloss, diesen auf dem Pariser Eiffelturm zu testen. Er bekam die Erlaubnis, seinen Fluganzug an einer lebensgroßen Stoffpuppe auszuprobieren, beschloss jedoch im letzten Moment, den Flug selbst zu wagen. Nachdem er den Fallschirm an Armen und Beinen befestigt hatte, sprang er von der Aussichtsplattform und stürzte 57 Meter in die Tiefe. Er war sofort tot.

ALLES HAT EIN ENDE

WALTER EAGLE TAIL
GESTORBEN AM 4. JULI 2014

Der 47-jährige Walter Eagle Tail biss mehr ab, als er kauen konnte, als er am amerikanischen Nationalfeiertag an einem Hot-Dog-Wettbewerb in South Dakota teilnahm. Im panischen Bemühen, mehr Würstchen herunterzuwürgen als seine Mitbewerber, stopfte sich der Schnellesser-Athlet zu viel in den Mund, verschluckte sich und erstickte, bevor die Sanitäter ihn retten konnten.

DAS GROSSE KRABBELN

EDWARD ARCHBOLD
Gestorben am 5. Oktober 2012

Ein Reptiliengeschäft in Florida veranstaltete einen Wettbewerb, bei dem die Teilnehmer möglichst viele Krabbeltiere herunterschlingen mussten, um einen Python zu gewinnen. Mehrere Kandidaten kämpften sich durch Berge von Kakerlaken und Würmern, aber Edward Archbold würgte das meiste Getier herunter und ging am Ende als Sieger aus dem Wettbewerb hervor. Allerdings währte die Freude über seinen Preis nicht lange, weil er sich kurz darauf so heftig übergeben musste, dass er daran erstickte. Dem Autopsiebericht zufolge war seine Luftröhre durch „Körperteile von Gliederfüßern" blockiert.

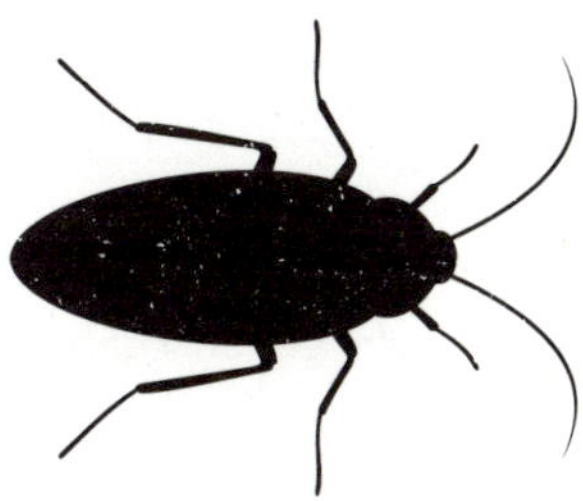

NEBENBEI BEMERKT

- *Im Januar 1919 explodierte in Boston, Massachusetts, ein gigantischer Melasse-Tank. Die klebrige Flut brachte Häuser zum Einsturz und kostete 21 Menschen das Leben.*
- *Hunderte indischer Kinder sterben jedes Jahr nach dem Verzehr von Lychees. 2017 fand man heraus, dass die Früchte für kleine Kinder eine Gefahr darstellen, wenn sie auf nüchternen Magen gegessen werden.*
- *Mehrere Südkoreaner sind bereits beim Verzehr lebender Tintenfische verstorben. Das Problem besteht darin, dass sich die Tiere mit ihren Saugnäpfen in der Speiseröhre festhalten.*
- *In Indien kommen jedes Jahr mehrere Menschen durch Flugdrachen zu Tode – oft werden sie von den Schnüren erdrosselt, die beim „Kite Fighting" mit kleinen Glassplittern ummantelt sind.*
- *2009 erwarb der Geschäftsmann Jimi Heselden, der mit Sicherheitsabsperrungen ein Vermögen gemacht hatte, die Firma, die den Segway-Roller herstellt. Nur ein Jahr später verlor er auf seinem Anwesen in Yorkshire die Kontrolle über sein zweirädriges Gefährt und stürzte von einer zwölf Meter hohen Klippe in einen Fluss. Er starb noch am Unfallort.*

AFTERSHOW-PARTY

MICHAEL WARNER

Gestorben am 21. Mai 2004

Michael Warner aus Texas starb an einem Sherry-Einlauf. Der 58-jährige Alkoholiker konnte keine Flüssigkeiten schlucken, also ließ er sich den Alkohol von seiner Frau durch den Hinterausgang verabreichen, was einen Alkoholspiegel zur Folge hatte, der dem Sechsfachen des in Texas am Lenkrad erlaubten Promillepegels entsprach und eine tödliche Vergiftung zur Folge hatte. Nach Aussage der Polizei besteht die Gefahr einer solchen Prozedur darin, dass der Körper immer weiter Alkohol absorbiert, selbst wenn die Person schon gar nicht mehr bei Bewusstsein ist. Warners Frau erklärte, ihr Mann habe oft auf diese Weise Alkohol zu sich genommen. Man beschuldigte sie der unterlassenen Hilfeleistung, weil sie Warner bei der Prozedur zur Hand gegangen war, doch wurde die Anklage schließlich fallengelassen.

VORFÜHREFFEKT

Garry Hoy

Gestorben am 9. Juli 1993

Gary Hoy war Rechtsanwalt bei einer der führenden kanadischen Anwaltskanzleien mit einem Büro in Downtown Toronto – in einem 56-stöckigen Wolkenkratzer mit beeindruckenden Panoramascheiben vom Boden bis zur Decke. Hoy hatte ein paar junge Anwälte zu Gast, denen er deren Stabilität vorführen wollte. Er nahm Anlauf, warf sich gegen das Glas und erwartete, wie üblich davon abzuprallen. Unglücklicherweise gab die Scheibe diesmal nach, und die Gäste mussten entsetzt mit ansehen, wie Hoy aus der vierundzwanzigsten Etage hinunter auf die Straße stürzte.

AUSGESPIELT

Mr Hsieh

Gestorben am 8. Januar 2015

Ein gewisser Mr Hsieh hatte sich mal wieder für eine lange Sitzung von Online-Computerspielen in einem taiwanesischen Internet-Café eingerichtet. Nach drei Spieltagen fiel auf, dass er über seiner Tastatur in sich zusammengesunken war, doch da das öfter vorkam, nahm man an, dass er sich nur etwas ausruhte. Als die Betreiber des Cafés dann irgendwann genauer hinsahen, stellten sie fest, dass er sich gar nicht ausruhte, sondern tot war. Die Leichenstarre hatte bereits eingesetzt. Schon Stunden zuvor war er einem Herzinfarkt erlegen, ohne dass jemand etwas davon mitbekommen hatte.

ABGEFACKELT

Michael Faherty

Gestorben am 22. Dezember 2010

Die Feuerwehr wurde zu einer Adresse im irischen Galway gerufen, nachdem ein Mann gemeldet hatte, aus einem Nachbarhaus steige Rauch auf. Nachdem die Tür aufgebrochen war, fand man Michael Faherty tot in seinem Wohnzimmer. Übrig waren von ihm nur noch verkohlte Reste, doch das Haus hatte kaum Schaden genommen, lediglich der Boden direkt unter ihm und die Zimmerdecke über ihm. Der Mangel an Hinweisen brachte mit sich, dass die Behörden keinerlei Erklärung für die todbringenden Flammen finden konnten, und so kam der Richter zu dem Schluss, es müsse sich um einen Fall von spontaner Selbstentzündung gehandelt haben.

RACHE IST SÜSS

Mithridates

Gestorben 401 v. Chr.

Ein persischer Soldat namens Mithridates, der einen Prinzen getötet hatte, wurde zum Tode verurteilt – mittels *Scaphismus*, oder „die Boote“, wie man es auch nannte. Er wurde gefesselt in ein kleines Ruderboot gelegt, auf das man ein zweites, umgekehrtes Boot legte, sodass nur Kopf und Gliedmaßen herausragten. Immer wieder flößte man ihm Milch und Honig ein, damit er sich besudelte oder übergeben musste, und schmierte mit dieser Mixtur auch seinen Körper ein. Man überließ ihn der heißen Sonne, und die Natur ging ihren Gang. Nach siebzehntägiger Tortur starb er schließlich an Auszehrung und Insektenfraß.

MAUERFALL

Rainier Howe

Gestorben am 4. Januar 1998

Der 20-jährige Rainier Howe aus dem australischen Melbourne spielte fast jeden Abend Basketball und perfektionierte in jahrelanger Übung seinen Slam Dunk. Eines Tages spielte er mit seinem Bruder und einem Cousin, als er den Ball in den Korb beförderte und sich wie Michael Jordan an den Ring hängte. Unglücklicherweise brach die ganze Konstruktion aus der Mauer, an der sie befestigt war, woraufhin diese in sich zusammenfiel und Howe unter sich begrub.

KILLER-KOBRA

Wayne Roth

Gestorben am 8. November 1997

Wayne Roth besuchte einen befreundeten Reptiliensammler, der in seinen Terrarien mehrere große Schlangen hielt. Etwas unbedarft griff Roth nach einer zwei Meter langen Kobra, woraufhin diese ihm in die Hand biss. Sein Freund wollte mit ihm gleich ins Krankenhaus fahren, doch Roth meinte: „Echte Männer halten so was aus!" Lieber wollte er in einer Bar was trinken gehen, wo er sich damit brüstete, einen Schlangenbiss überlebt zu haben. Noch am selben Abend tötete ihn das langsam wirkende Gift.

BESSERWISSER

Xu Weixing

Gestorben am 17. November 1999

Der Bimmelbahnfahrer Xu Weixing fuhr eine Schulklasse durch den Safaripark von Shanghai, als sich das Seil zwischen zwei Waggons löste. Nun weiß jeder, dass man in einem Safaripark nicht einmal den Arm aus dem Fenster halten, geschweige denn das Fahrzeug verlassen sollte, aber offenbar meinte der 43-jährige Weixing, es besser zu wissen, denn er stieg aus und machte sich daran, das Seil wieder zu befestigen, ausgerechnet dort, wo die sibirischen Tiger ihren Nachwuchs aufzogen. Noch ehe er das Seil befestigen konnte, fielen drei der Tiere über ihn her. Als man Weixing endlich in Sicherheit bringen konnte, hatte er bereits schwerste Verletzungen erlitten, denen er bald darauf im Krankenhaus erlag.

DEM HIMMEL SO NAH

Reverend Adelir Antônio de Carli

Gestorben im April 2008

Pater Adelir Antônio de Carli war ein katholischer Priester aus Brasilien, der dem Himmel nah sein und dabei Geld für wohltätige Zwecke sammeln wollte, indem er – an tausend kleinen Heliumballons hängend – tausend Kilometer weit flog. Starke Winde trieben ihn jedoch weit ab von seinem Kurs, während er bis in eine Höhe von 6000 Metern aufstieg. Das Letzte, was man von ihm hörte, war, dass er fünfzig Kilometer vor der Küste fürchtete, in den Atlantischen Ozean zu stürzen. Retter fanden eine Traube von Ballons in der Nähe der letzten bekannten Position des Priesters, doch es sollte noch drei Monate dauern, bis seine Leiche geborgen wurde.

FATALER IRRTUM

WESLEY MITCHELL
GESTORBEN AM 10. OKTOBER 2001

Ein paar Studenten der *University of the South* in Tennessee hatten eines Nachts nichts als Unsinn im Sinn, als sie sich Zugang zur Bibliothek verschafften und auf die Idee kamen, eine Wäscherutsche hinunterzurutschen – oder das, was sie dafür hielten. Wesley Mitchell sprang als Erster hinein und rutschte bis ganz nach unten – in eine Müllpresse, die automatisch ansprang und ihn zermalmte.

MORDSHUNGER

Betty Stobbs

Gestorben am 28. Januar 1999

Bäuerin Betty Stobbs aus County Durham fuhr mit einem Quad zur Fütterung ihrer Schafe, die auf einer Winterweide oberhalb eines stillgelegten Steinbruchs standen. Als die hungrigen Tiere das Heu witterten, das sie ihnen brachte, bestürmten sie das Gefährt und schoben es langsam immer weiter auf den Steinbruch zu. Bevor die Bäuerin abspringen konnte, drängte die Herde sie schon über die Klippe, wo sie von ihrem Quad erschlagen wurde.

GROSSBRITANNIENS GEFÄHRLICHSTE BERUFE

Beruf	Todesfälle gesamt 2010–2016	Todesfälle durchschnittlich pro Jahr
Bauer	167	27.83
Bauarbeiter	101	16.83
Dachdecker und Gerüstbauer	69	11.5
LKW-Fahrer	41	6.83
Zimmermann	28	4.66
Mechaniker	26	4.33
Klempner und Elektriker	26	4.33
Bauingenieur	20	3.33
Müllmann	20	3.33

SALTO MORTALE

SERGEY CHALIBASHVILI

Gestorben am 16. Juli 1983

Im Rahmen der Turmspringwettbewerbe während der World University Games versuchte sich der sechstplatzierte Sergej Chalibashvili aus der Sowjetunion an einem ehrgeizigen 3½-fachen Rückwärtssalto, einer Figur, die noch nicht lange für den Wettbewerb zugelassen war. Er sprang vom 10-Meter-Turm in die Luft, doch als er sich im Fallen rückwärts drehte, schlug er mit dem Kopf gegen die Plattform und stürzte bewusstlos ins Wasser. Er kam nie wieder zu sich und starb eine Woche später an Herzversagen.

UNTER DRUCK

GEORGI DOBROWOLSKI, WIKTOR PAZAJEW UND WLADISLAW WOLKOW

GESTORBEN AM 30. JUNI 1971

Drei sowjetische Kosmonauten gingen an Bord des Raumschiffs Sojus 11, um von der Raumstation Saljut 1 zur Erde zurückzukehren. Sie dockten von der Station ab und erklärten der Bodenkontrolle, sie bereiteten sich auf ihre Rückkehr zur Erde vor. Das Raumschiff schaffte den Eintritt in die Erdatmosphäre problemlos und landete sicher, doch als man die Kapsel von außen öffnete, saßen alle drei Kosmonauten tot in ihren Sitzen. Im All hatte sich ein Ventil geöffnet, was einen rapiden Druckabfall in der Kabine zur Folge hatte. Die drei sind bisher die einzigen Menschen, die im All ums Leben kamen.

FREUNDSCHAFTSDIENST

Wladimir Komarow

Gestorben am 24. April 1967

Sojus 1 war ein bemanntes Raumschiff der Sowjets, das von Anfang an mit Problemen zu kämpfen hatte. Als Pilot war der Kosmonaut Wladimir Komanow vorgesehen, der Ersatzmann war sein guter Freund, der legendäre Juri Gagarin. Bisher waren sämtliche unbemannten Testflüge des Sojus-Raumschiffs fehlgeschlagen, und nicht nur die beiden Kosmonauten, sondern auch die Ingenieure hatten ernste Bedenken, was die Sicherheit einer bemannten Mission anging. Politischer Druck brachte jedoch mit sich, dass man deren Einwände ignorierte, und die Mission ging wie geplant voran. Es heißt, Komarow wollte trotz aller Ängste keinen Rückzieher machen, weil es bedeutet hätte, dass der Freund an seiner Stelle fliegen müsste. Kurz nach dem Start der Sojus 1 sorgten Probleme mit einem Solarpanel dafür, dass das Raumschiff nicht ausreichend Energie zum Manövrieren hatte und die Kommunikation mit der Bodenstation gestört war. Komarows Schicksal war besiegelt, als der Fallschirm beim Wiedereintritt in die Erdatmosphäre versagte, sodass die Kapsel ungebremst am Boden aufschlug, was den Kosmonauten das Leben kostete.

SEIDENSTRICK

Isadora Duncan

Gestorben am 14. September 1927

Isadora Duncan war eine extravagante, amerikanische Ausdruckstänzerin, die zu Beginn des 20. Jahrhunderts in Europa einige Erfolge feierte. Eines Abends fuhr sie im Cabrio durch Südfrankreich, als sich ihr langer bunter Seidenschal im Hinterrad verfing und sie aus dem Fahrzeug riss, was ihr das Genick brach.

WUNSCHDENKEN

Jerome I. Rodale

Gestorben am 8. Juni 1971

Der amerikanische Verleger und Autor Jerome I. Rodale, der sich für biodynamische Ernährung und gesunde Lebensführung stark machte, war 1971 zu Gast in der *Dick Cavett Show*, zusammen mit dem Journalisten Pete Hamill. Während der Aufzeichnung erklärte Rodale dem Gastgeber der Sendung, er habe „beschlossen, hundert zu werden", und es sei ihm nie besser gegangen. Als er schnaufend auf seinem Stuhl in sich zusammensank, glaubte Hamill, Rodale machte einen Witz, doch das war leider nicht der Fall – es hatte ihn im Alter von 72 Jahren dahingerafft. Die Sendung, die eigentlich noch am Abend ausgestrahlt werden sollte, wurde abgesagt.

DEATH METAL

Karen Wetterhahn

Gestorben am 8. Juni 1997

Karen Wetterhahn war eine Chemie-Professorin, die sich für die Auswirkungen toxischer Metalle interessierte. Beim Studium der tödlichen Verbindung Dimethylquecksilber tropfte versehentlich etwas von der Flüssigkeit auf ihre Gummihandschuhe. Nach der Arbeit zog sie diese aus, nicht ahnend, dass das Gift bereits durchs Gummi in ihre Haut eingedrungen war. Wetterhahn hatte eine tödliche Dosis abbekommen, doch ließ die Wirkung auf sich warten, und so merkte sie erst nach mehreren Monaten, dass irgendwas nicht stimmte. Es dauerte, bis ihr der Vorfall im Labor wieder einfiel. Schließlich wurde Wetterhahn mit akuter Quecksilbervergiftung ins Krankenhaus eingewiesen. Sie starb zehn Monate nach ihrem Missgeschick.

ECHTER VERFECHTER

WLADIMIR SMIRNOW
GESTORBEN AM 28. JULI 1982

Bei der Weltmeisterschaft der Fechter in Rom forderte der Deutsche Matthias Behr den amtierenden Meister Wladimir Smirnow aus Russland heraus. Während des Fechtgangs brach Behrs Florett, als er den Gesichtsschutz des Russen traf. Die abgebrochene Klinge durchbohrte Smirnows Maske und drang durch sein Auge ins Gehirn. Neun Tage später wurde er für tot erklärt.

HAHNENTRITT

JOSÉ LUIS OCHOA
Gestorben am 30. Januar 2011

Hahnenkämpfe sind in den USA verboten, aber trotzdem werden solche Kämpfe veranstaltet – was nicht nur für die Vögel tödlich enden kann. Der 35-jährige José Luis Ochoa kam 2011 in Kalifornien bei einer Polizei-Razzia zu Tode. Er wollte den Tatort fluchtartig verlassen, doch ein Hahn trat mit rasierklingenbewehrtem Fuß nach ihm und schnitt Ochoa tief ins Bein. Die Ärzte konnten die Blutung nicht mehr stillen, als er schließlich ins Krankenhaus eingeliefert wurde, was sich möglicherweise durch den Umstand verzögert hatte, dass es sich beim Hahnenkampf um eine illegale Aktivität handelte. Letztendlich starb er, weil er einfach zu viel Blut verloren hatte.

KATAPUTT

Dino Yankov

Gestorben am 24. November 2002

Der 19-jährige Dino Yankov gehörte der *Oxford Stunt Factory* an, einem inoffiziellen Club für gefährliche Sportarten an der Universität. 2002 meldete er sich mit fünf anderen freiwillig dafür, sich mit einer *Blide* abschießen zu lassen. Das tonnenschwere, mittelalterliche Katapult schleuderte Menschen dreißig Meter hoch durch die Luft direkt in ein großes Netz, was erwiesenermaßen schon fünfzig Mal gut gegangen war – mit nur einem einzigen Unfall. Die ersten vier landeten sicher im Netz, doch manch besorgtem Zuschauer fiel auf, dass sie doch sehr nah am Rand des Netzes gelandet waren. Als Yankov abgeschossen wurde, bewahrheiteten sich deren Befürchtungen, denn er knallte auf den Rand und schlug hart am Boden auf. Dabei zog er sich zahllose Verletzungen zu, denen er später im Krankenhaus erlag. Das Menschenkatapult kam nie wieder zum Einsatz.

PROPELLERLOK

Valerian Abakovsky

Gestorben am 24. Juli 1921

Valerian Abakovsky war der sowjetische Erfinder des Aerowaggons, einer automobilähnlichen Lokomotive mit Propeller, die von einem Flugzeugmotor angetrieben wurde und über hundert Stundenkilometer schnell war. Ihre Jungfernfahrt von Moskau nach Tula verlief ohne Zwischenfall, doch auf dem Rückweg entgleiste das Gefährt bei hoher Geschwindigkeit, was sieben der zweiundzwanzig Passagiere das Leben kostete, darunter auch Abakovsky selbst. Ihm wurde die Ehre zuteil, in der Nekropole der Kremlmauer bestattet zu werden.

ABGEFAHREN

ANASTASIO FIGUERO

GESTORBEN AM 14. FEBRUAR 1994

Den Wachen einer Strafanstalt in Florida fiel auf, dass einer ihrer Insassen fehlte, nachdem kurz vorher der Müllwagen da gewesen war. Der zu lebenslänglicher Strafe verurteilte Anastasio Figuero hatte eine riskante Möglichkeit zur Flucht gesehen und war hinten in den Wagen gesprungen, mit vorhersehbaren Konsequenzen. Seine zermalmte Leiche wurde auf einer Müllkippe gefunden und konnte allein aufgrund der Fingerabdrücke identifiziert werden.

BLUTSBRÜDERSCHAFT

ALEXANDER BOGDANOV

Gestorben am 7. April 1928

Der Russe Alexander Bogdanov war Science-Fiction-Autor, Arzt und Revolutionär und darüber hinaus ein Pionier der Bluttransfusion. Er glaubte, wenn Arbeiter ihr Blut teilten, würde es sie enger aneinander binden und so ihr Leben verlängern. Bogdanov verabreichte sich selbst mehrere Bluttransfusionen und propagierte die zahlreichen Vorteile, darunter auch das Verhindern von Haarausfall. Als er bei einem dieser Selbstversuche das Blut eines Studenten verwendete, der an Malaria und Tuberkulose erkrankt war, überwogen die Nachteile.

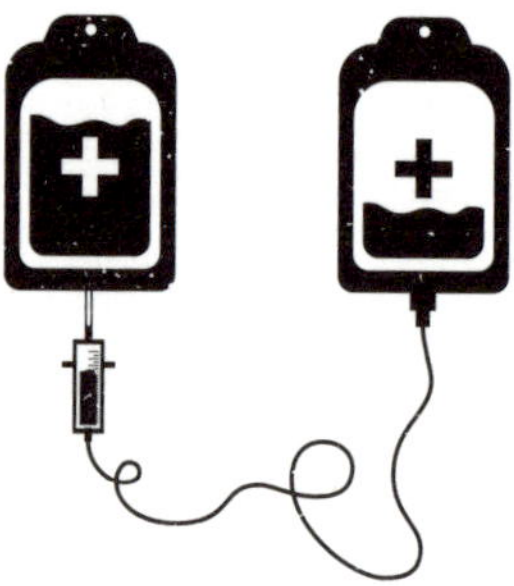

NOCH MEHR UNGEWÖHNLICHE HINRICHTUNGS-METHODEN

- **Der Sack** *(im alten Rom) – wer seine Eltern oder nahe Verwandte ermordet hatte, wurde ausgepeitscht, mit lebenden Tieren in einen Sack eingenäht – darunter auch mit Schlangen, Hähnen und Äffchen – und schließlich ins Meer geworfen.*
- **Einmauern** *(Europa) – im Mittelalter wurden Mütter, die des Kindsmordes überführt waren, bei lebendigem Leib eingemauert.*
- **Hängen, Ausweiden und Vierteilen** *(Europa) – bis ins 18. Jahrhundert wurden Verbrecher durch die Straßen geschleift, aufgehängt, ausgeweidet und dann in vier Teile gehackt.*
- **Tod durch Kanone** *(Indien) – vom 16. Jahrhundert bis in Zeiten des Britischen Empires wurden Verurteilte an die Mündung einer Artilleriekanone gebunden und in Stücke geschossen.*

NACHTOD-ERLEBNIS

PENG FAN

GESTORBEN IM AUGUST 2014

Der Koch eines Restaurants im chinesischen Guangdong bereitete Schlangensuppe zu, die Spezialität des Hauses. Vorsichtig nahm er das sich windende Tier aus dem Korb, passte gut auf, nur nicht in die Nähe der Giftzähne zu kommen, und schnitt der Schlange den Kopf ab. Als er den abgetrennten Kopf zwanzig Minuten später wegwarf, spürte er einen stechenden Schmerz und entdeckte zu seinem Entsetzen zwei kleine Punkte in seiner Hand. Die tote Schlange – eine hochgiftige asiatische Speikobra – hatte ihn gebissen, und er starb, bevor er behandelt werden konnte. Offenbar kann der Beißreflex einer Giftschlange auch noch Stunden nach deren Tod ausgelöst werden, selbst wenn der Kopf gar nicht mehr dran ist.

ZUM LETZTEN MAHL

Bandō Mitsugorō VIII

Gestorben am 16. Januar 1975

Mitsugorō war ein japanischer Schauspieler, berühmt für seine Rollen im Kabuki-Theater. Er saß mit Freunden in einem Restaurant in Kyoto beim Abendessen, und sie bestellten *fugu* – auch Kugelfisch genannt –, dessen Leber ein tödliches Neurotoxin enthält. Mitsugorō prahlte damit, das Gift könne ihm nichts anhaben, und verlangte vier Lebern, obwohl eine solche Bestellung dem Restaurant verboten war. Kaum Stunden später starb er an dem lähmenden Gift, für das kein Gegenmittel existiert.

NEBENBEI BEMERKT

1958 starben 176 Japaner beim Verzehr von Kugelfischen. Auch heute noch kommt es gelegentlich zu *fugu*-Vergiftungen – zwischen 2006 und 2015 zählte man zehn Tote.

GEFÄHRLICHE STRÖMUNG

Milika Sloan
Gestorben am 24. Juni 1995

Milika Sloan, eine junge Frau aus Cincinnati, Ohio, kam auf ihrer allerersten Reise in einem Hotel zu Tode. Barfüßig stand sie nach einem Gewitter triefnass vor ihrer Zimmertür und erlitt einen tödlichen Stromschlag, als sie ihre Schlüsselkarte in die Tür steckte. Untersuchungen ergaben, dass eine defekte Klimaanlage Strom durch den Betonboden bis in den Türrahmen leitete.

BRUCHLANDUNG

ROGER WALLACE
Gestorben am 18. Mai 2002

Roger Wallace aus Tuscon, Arizona, war ein begeisterter Modellflieger, dessen Hobby ihn das Leben kostete. Eines Tages verlor er seine Maschine (mit fast zwei Metern Spannweite) aus den Augen – weil sie im grellen Sonnenschein direkt auf ihn zugeflogen kam. Wallace sah das drei Kilo schwere Flugzeug zu spät, um ihm noch ausweichen zu können, und wurde mit voller Wucht an der Brust getroffen, was tödliche Verletzungen zur Folge hatte.

TOT-GENIEST

JOHN ORAM
GESTORBEN AM 18. JULI 2009

Als die Pfleger eines Altenheims in Torquay einen ihrer Bewohner besonders laut niesen hörten, war ihnen nicht bewusst, dass es sein Ende bedeutete. Kurz darauf jedoch brach der Rentner John Oram zusammen und wurde ins Krankenhaus gebracht, wo er zwei Tage später verstarb. Die Untersuchung kam zu dem Schluss, dass die Todesursache eine Hirnblutung gewesen war, hervorgerufen durch heftiges Niesen.

BERÜHMTE LETZTE WORTE

„Ich hatte achtzehn Gläser Whisky;
ich glaube, das ist Rekord."

Dylan Thomas, Dichter (1953)

„Auf die Entfernung treffen die
nicht mal einen Elefanten."

John Sedgwick, Südstaatengeneral, kurz bevor er während des Amerikanischen Bürgerkriegs einem Scharfschützen zum Opfer fiel.

„Kodein ... Bourbon ..."

Tallulah Bankhead, Schauspielerin und Hedonistin ihr letzter Wunsch (1968)

„Verzeihen Sie, mein Herr. Es war keine Absicht."

Marie Antoinette, Königin von Frankreich, nachdem sie dem Henker auf den Fuß getreten war, als sie auf die Guillotine stieg, um hingerichtet zu werden. (1793)

„Ich habe mich nie besser gefühlt."

Douglas Fairbanks, Schauspieler, nachdem er einen Herzinfarkt erlitten hatte. (1939)

„Hinaus! Letzte Worte sind für Narren,
die noch nicht genug gesagt haben!"

Karl Marx, Revolutionär und Philosoph, als seine Haushälterin ihn fragte, ob er noch letzte Worte hätte. (1883)

„Nehmt mir Seinfeld auf."

Harvey Korman, Schauspieler (2008)

Triff uns auf facebook.com/Lappan Verlag
und auf instagram.com/lappanverlag

www.lappan.de

Bildnachweis:

Gravestone on pp.7, 14, 23, 30, 46, 55, 62, 71, 78, 87, 94, 103, 110, 119, 126 © Alexander Lysenko/Shutterstock.com; grass on pp.3, 7, 10, 14, 19, 23, 26, 30, 35, 39, 42, 46, 51, 55, 58, 62, 67, 71, 74, 78, 83, 87, 90, 94, 99, 103, 106, 110, 115, 119, 122, 126 © Pensiri/Shutterstock.com; p.1 © Dooder/Shutterstock.com; p.4 © nikiteev_konstantin/Shutterstock.com; p.6 © LHF Graphics/Shutterstock.com; p.8 © RS89/Shutterstock.com; p.9 © Sabelskaya/Shutterstock.com; p.11 © Dooder/Shutterstock.com; p.12 © VoodooDot/Shutterstock.com; p.15 © bsd/Shutterstock.com; p.16 © Giorgio Morara/Shutterstock.com; p.18 © Grimgram/Shutterstock.com; p.20 © SVIATLANA SHEINA/Shutterstock.com; p.22 © andrewshka/Shutterstock.com; p.24 © Dooder/Shutterstock.com; p.25 © Actor/Shutterstock.com; p.27 © Shpak Anton/Shutterstock.com; p.28 © Bojanovic/Shutterstock.com; p.29 © ArtHear/Shutterstock.com; p.31 © Dooder/Shutterstock.com; p.32 © Dn Br/Shutterstock.com; p.33 © anastasiia ivanova/Shutterstock.com; p.34 © Miceking/Shutterstock.com; p.36 © A Aleksii/Shutterstock.com; p.37 © radmilla75/Shutterstock.com; p.38 © Panda Vector/Shutterstock.com; p.40 © evgdemidova/Shutterstock.com; p.41 © gst/Shutterstock.com; p.43 © Les Perysty/Shutterstock.com; p.44 © Dooder/Shutterstock.com; p.45 © JonahWong/Shutterstock.com; p.47 © Dn Br/Shutterstock.com; p.48 © Evgeny Turaev/Shutterstock.com; p.49 © Alex Ghidan/Shutterstock.com; p.50 © FMStox/Shutterstock.com; p.52 © Dooder/Shutterstock.com; p.53 © MSSA/Shutterstock.com; p.54 © Tribalium/Shutterstock.com; p.56 © Demja/Shutterstock.com; p.57 © barka/Shutterstock.com; p.59 © kapona/Shutterstock.com; p.60 © Dooder/Shutterstock.com; p.61 © Julia Butko/Shutterstock.com; p.63 © art3/Shutterstock.com; p.64 © VectorA/Shutterstock.com; p.65 © SimeonVD/Shutterstock.com; p.68 © Voropaev Vasiliy/Shutterstock.com; p.69 © Panda Vector/Shutterstock.com; p.70 © Dooder/Shutterstock.com; p.72 © Ivan Baranov/Shutterstock.com; p.73 © johavel/Shutterstock.com; p.76 © IraVi/Shutterstock.com; p.79 © Airin.dizain/Shutterstock.com; p.81 © Sitthichai Kaewkam/Shutterstock.com; p.84 © yod67/Shutterstock.com; p.85 © Wiktoria Matynia/Shutterstock.com; p.91 © Yakan/Shutterstock.com; p.92 © doom.ko/Shutterstock.com; p.93 © Titov Nikolai/Shutterstock.com; p.95 © Dn Br/Shutterstock.com; p.97 © Dooder/Shutterstock.com; p.98 © Designer things/Shutterstock.com; p.100 © Dooder/Shutterstock.com; p.101 © Potapov Alexander/Shutterstock.com; p.102 © Evgenii Matrosov/Shutterstock.com; p.104 © Petrovic Igor/Shutterstock.com; p.105 © Semiletava Hanna/Shutterstock.com; p.107 © Thumbelina/Shutterstock.com; p.109 © Bojanovic/Shutterstock.com; p.112 © Aleksandra Novakovic/Shutterstock.com; p.113 © Ficus777/Shutterstock.com; p.116 © DaGa5/Shutterstock.com; p.118 © Zefir/Shutterstock.com; p.120 © Pavel Vinnik/Shutterstock.com; p.124 © Constantine Pankin/Shutterstock.com; p.125 © Ivan Baranov/Shutterstock.com